야생 동물은 왜 사라졌을까?

야생 동물은 왜 사라졌을까?
우리나라 멸종 동물 22종 이야기

제1판 제1쇄 발행일 2017년 3월 3일
제1판 제7쇄 발행일 2023년 10월 25일

글 _ 이주희
그림 _ 강병호
기획 _ 노정임, 책도둑(박정훈, 박정식, 김민호)
디자인 _ 토가 김선태
펴낸이 _ 김은지
펴낸곳 _ 철수와영희
등록번호 _ 제319-2005-42호
주소 _ 서울시 마포구 월드컵로 65, 302호(망원동, 양경회관)
전화 _ (02) 332-0815
팩스 _ (02) 6003-1958
전자우편 _ chulsu815@hanmail.net

ⓒ 이주희·노정임·강병호 2017

도움주신 분
권경숙, 김동진(한국교원대), 김성우, 김영준(국립생태원), 김종기, 김현태(서산중앙고),
박그림(녹색연합), 박태진(야생동물소모임), 변화근(서남대), 성무성, 송혜인, 엄동원,
이상규, 이용욱(국립공원관리공단), 이윤수(국립공원관리공단), 이재구(녹색연합),
임창섭(고려대), 전형배(영남대), 최태영(국립생태원), 추헌철, 하정옥,
한정희(한국범보존기금), 한창욱(인제군)

* 이 책에 실은 내용 일부나 전부를 다른 곳에 쓰려면 반드시 저작권자와
  철수와영희 모두한테서 동의를 받아야 합니다.
* 잘못된 책은 출판사나 처음 산 곳에서 바꾸어 줍니다.

ISBN 978-89-93463-97-2 73490

철수와영희 출판사는 '어린이' 철수와 영희, '어른' 철수와 영희에게
도움 되는 책을 펴내기 위해 노력하고 있습니다.

어린이제품 안전특별법에 의한 기타 표시사항

제품명 도서 | **제조자명** 철수와영희 | **제조국명** 한국 | **전화번호** (02)332-0815 | **제조연월** 2023년 10월 | **사용연령** 10세 이상
주소 04018 서울시 마포구 월드컵로 65, 302호(망원동, 양경회관)
주의사항 종이에 베이거나 긁히지 않도록 조심하세요. 책 모서리가 날카로우니 던지거나 떨어뜨리지 마세요.

철수와영희 어린이 교양 ❷

야생 동물은 왜 사라졌을까?

우리나라 멸종 동물 22종 이야기

이주희 글 | 강병호 그림

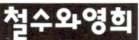

머리말

동물이 왜 사라졌는지 함께 질문하며 찾아볼까?

이제부터 두 마리씩 짝을 지어 야생 동물 이야기를 할 거야. 호랑이와 표범처럼 우리 곁에서 사라져가고 있거나 이미 사라진 야생 동물들의 이야기지. 어떤 생물 종이 세상에서 완전히 사라지는 걸 멸종이라고 해. 멸종할 가능성이 높아진 종을 '멸종 위기종'이라고 하고. 이 책은 '야생 동물들은 왜 사라졌을까?'라는 질문에 대해 아저씨 나름대로 답을 찾아본 거야.

어떤 생물이 나타나고 사라지는 건 자연스러운 일이야. 하지만 지구에 인간이 출현하고 나서는 갑자기 많은 생물들이 사라졌어. 그렇다면 생물들이 사라지는 이유는 인간 탓일까? 질문을 하며 함께 찾아보자.

어떤 생물들도 혼자 살아갈 수는 없어. 사람도 마찬가지야. 다른 생물들과 주변 환경과 모두 연결되어 있어. 그걸 생태계라고 하지. 건강한 생태계는 각자의 생물들이 균형과 조화를 이루는 거야.

생물이 사라지는 이유는 단순하지 않아. 연결되어 있는 생태계 안에서 다양한 원인들이 있을 수 있고, 원인을 밝히는 데까지 많은 시간과 노력이 필요하기도 해. 야생 동물 이야기를 싫어하는 사람은 없지만 멸종 이야기는 심각하게 생각하고 어려워하기도 하지. 역사를 공부하는 기초적인 방법인 기록을 찾는 것과 과학의 태도인 질문을 하는 것으로 멸종의 원인을 알아가 보았어. 그래서 담담하게 풀어가게 될 거야. 슬퍼하기보다는 동물들이 사라지는 원인과 동물들의 특징을 기억하고 그다음에 필요한 대안을 함께 생각해보는 것이 필요한 때라는 생각이 들었어. 왜냐면 지금도 '대멸종'이 진행되고 있거든.

    이 책에 담긴 멸종 동물의 이야기를 읽으며 건강한 생태계를 유지하기 위해서 앞으로 우리가 어떻게 판단하고 행동해야 하는지 스스로 생각해 봤으면 좋겠어. 최종 판단은 질문할 줄 아는 너희들의 몫으로 남겨 둘게.

2017년 3월 이주희

차례

머리말
동물이 왜 사라졌는지 함께 질문하며 찾아볼까? _ 4

1 2 — 멸종인 듯 멸종 아닌 멸종 위기의 야생 동물
호랑이와 표범 _ 8

3 4 — 곰은 쓸개 때문에 여우는 가죽 때문에
곰과 여우 _ 24

5 6 — 비슷하면서도 다른 족제비과(족제빗과) 동물
수달과 담비 _ 36

7 8 — 발굽을 지닌 온순한 초식 동물들
꽃사슴과 산양 _ 51

9 10 — 뭍에서는 굼뜨고 물에서 재빠른
물범과 물개 _ 65

11 12 — 하늘의 최강자 맹금류가 사라진다
수리부엉이와 독수리 _ 76

13 14 — 동요 속의 주인공으로만 남게 될까
따오기와 뜸부기 _90

15 16 — 사람이 사는 마을에서 살았던 파충류
구렁이와 남생이 _103

17 18 — 환경 변화에 가장 민감한 양서류들
맹꽁이와 금개구리 _115

19 20 — 한반도에만 사는 작은 물고기
꾸구리와 좀수수치 _130

21 22 — 누구나 알지만 아무나 볼 수 없는 희귀한 딱정벌레
소똥구리와 장수하늘소 _139

? — **여섯 번째 대멸종** _147

❖ 작은 동물 사전 _151
❖ 일러두기 _162
❖ 참고 자료 _164

멸종인 듯 멸종 아닌 멸종 위기의 야생 동물
호랑이와 표범

호랑이랑 사자랑 싸우면 누가 이길까? 사자는 아프리카의 탁 트인 초원에 살고, 호랑이는 아시아의 울창한 숲에 사니까 사자와 호랑이가 만나서 싸울 일은 없을 거야. 그래도 만약에 싸운다면 아마도 크고 힘센 놈이 이기겠지! 권투나 태권도 같은 경기를 보면 몸무게가 비슷한 선수들끼리만 겨루잖아. 이런 격투기는 실력이 비슷하면 덩치가 큰 선수가 훨씬 유리하거든. 그래서 선수의 실력을 공정하게 평가하려고 체급을 나누어서 비슷한 몸무게를 가진 선수들끼리 겨루게 하는 거야.

호랑이는 사는 곳에 따라서 아홉 가지 '아종'으로 나눠. 앗! 시작부터 어려운 말이 나왔다. 생물을 구별하는 최소 단위를 종(種,

species)이라고 하잖아. 그런데 같은 종인데도 아주 오랜 세월 동안 환경이 다른 곳에서 떨어져서 살다 보면 생김새나 습성, 유전적인 특성이 뚜렷하게 차이가 나게 돼. 이렇게 같은 종인데도 사는 곳에 따라 차이가 많이 나는 무리들을 생물학자들은 다시 나눠서 아종(亞種, subspecies)이라고 이름 붙인 거야.

지금은 호랑이가 사는 곳이 많지 않지만, 옛날에는 우리나라를 비롯해서 아시아 곳곳에 골고루 퍼져서 그곳의 환경에 맞게 적응해서 살고 있었지. 그중에는 사자보다 훨씬 작은 것도 있지만, 훨씬 큰 것도 있었어. 그래서 호랑이와 사자가 싸운다면 누가 이길까에 대답하려면, 어디 살던 어떤 아종의 호랑이인지가 중요하겠지.

같은 종류의 동물이라도 추운 곳에 사는 것이 따뜻한 곳에 사는 것보다 덩치가 큰 거 알고 있니? 추운 곳에 살수록 에너지가 많이 필요한데, 몸집이 클수록 몸에 많은 에너지를 축적할 수 있기 때문이야. 호랑이도 마찬가지야. 인도나 동남아시아처럼 따뜻한 곳에 사는 아종은 크기가 작고, 이보다 추운 지역에 사는 아종은 덩치가 커. 우리나라에 살던 호랑이는 '아무르호랑이'라고 불리는 아종인데, 호랑이 종류 중에서 가장 북쪽 지역에 살고 있어. 사자들은 기후가 따뜻한 온대와 열대에만 주로 살아. 그래서 기후 차이에 따른 외형적인 차이가 거의 없어.

그렇다면 호랑이 중에서 가장 덩치가 큰 아종은 뭘까? 당연히 추운 북쪽에 사는 아무르호랑이겠지. 아무르호랑이랑 사자가 싸운다면 아마도 아무르호랑이가 이길 거야!

💬 호랑이와 표범은 얼마나 많았을까?

이제부터 우리나라에 살던 호랑이 이야기를 할게. 호랑이를 다른 말로 '범'이라고 해. 사실 우리 조상들이 범이라고 불렀던 동물은 호랑이뿐만이 아니야. 우리나라에 살던 표범도 범이라고 했어. 표범을 뜻하는 한자 '표(豹)'를 써서 표범이라고 부르는데, 매화꽃 같은 문양이 온몸을 덮고 있는 것이 특징이지.

호랑이는 다른 말로 '갈범'이라고 해. 칡덩굴을 뜻하는 '갈(葛)' 자를 쓰는데, 몸에 칡덩굴 같은 구불구불한 검은 줄무늬로 덮여 있어서 붙은 이름이지. 그래서 '칡범'이라고도 불러. 재미있는 건 호랑이의 줄무늬는 사람의 지문처럼 호랑이마다 달라서 줄무늬의 모양을 보고 구별할 수 있어. 표범 역시 개체마다 무늬가 조금씩 다르지만 호랑이처럼 그 차이가 눈에 확 띄지는 않아.

표범은 아프리카에서 아시아 대륙까지 널리 퍼져 살았어. 그래서 호랑이처럼 여러 아종으로 나뉘는데, 우리나라에 살던 표범은 '아무르표범'이라고 불러. 호랑이와 마찬가지로 '아무르'라는 말이 붙는데, 이 말은 중국과 러시아 사이를 흐르는 세계에서 4번째로 긴 강인 아무르(Amur) 강에서 따온 거야. 중국에서는 검은 용이라는 뜻으로 흑룡(黑龍) 강이라고 하지. 아무르 강 주변은 사람들이 적게 살고 자연환경도 잘 보존되어 있어서 예부터 야생 동물들의 천국이었어. 표범과 갈범은 사는 곳이 비슷해.

우리 조상들이 남겨 놓은 기록을 보면, 옛날에 우리나라에 범이

사람들의 지문처럼
호랑이 무늬는 다 달라.

호랑이는 칡덩굴 같은 무늬가 있어서 갈범 혹은 칡범이라고도 불렀지.

표범은 무늬가 매화꽃처럼 아름답지.

표범은 조심성이 많고, 크기도 호랑이보다 훨씬 작기 때문에 사람을 해치는 일이 많지 않았어. 표범 가죽이 아주 비싸게 거래되었기 때문에 예전부터 많이 죽임을 당했지.

호랑이와 표범을 섞어 놓은 모습의 옛 그림
우리나라의 옛날 호랑이 그림을 보면 몸은 호랑이인데, 얼굴은 표범으로 그린 것이 많아. 그린 이가 호랑이와 표범을 구별하지 못해서 잘못 그린 거라고 얘기하는 사람들도 있는데, 이유가 분명 있을 것 같아. 너희들이 나중에 밝혀 보렴.

아주 많이 살았다는 걸 알 수 있어. 범에 물려서 사람이 죽거나 다치는 걸 호랑이 '호(虎)' 자를 써서 호환(虎患)이라고 하는데, 조선 시대에 중요한 나랏일들을 기록한 《조선왕조실록》에는 호환에 관한 기록들이 아주 많이 보여. 그래서 조선은 건국할 때부터 호환을 없애려고 범을 전문적으로 잡는 사냥꾼과 군대까지 동원해서 해마다 1000마리나 되는 범을 잡았다고 해. 우리나라처럼 넓지 않은 땅에서 그렇게 많은 호랑이와 표범을 매년 잡을 수 있었다는 게 놀랍지 않니?

● 호랑이와 표범은 어떻게 사라졌을까?

호랑이가 깊은 산에 산다고 생각하는 친구들이 많을 거야. 사실 호랑이는 물가에 주로 살았어. 호랑이는 덩치가 크니까 주로 사슴처럼 큰 동물들을 잡아먹고 살아. 이런 동물들을 잡아먹기 좋은 곳이 바로 물가야. 갈대나 덤불 같은 데에서 숨어 있다가 동물들이 물을 마시러 올 때 덮쳐서 잡는 거지.

그렇다면 호랑이는 물을 싫어할까, 좋아할까? 당연히 물을 좋아하겠지. 심지어 바다를 헤엄쳐서 가까운 섬까지 건너다니기도 했어. 전라남도에 있는 진도는 호랑이가 출몰하던 섬 중에 하나야.

농사를 지을 때 가장 필요한 것이 뭐지? 식물이 자랄 수 있는 흙과 햇빛, 그리고 물이겠지. 동물들이 살아가는 데도 물이 중요하지만, 식물에게도 아주 중요해. 농사를 지을 때 물이 필요하니까, 사람들은 물가에다 논밭을 만들었어. 우리나라의 주식이 쌀이잖아. 쌀은 어느 작물보다도 물이 많이 필요하지.

강 주변은 땅도 넓고 기름지며, 많은 물을 쉽게 구할 수 있어서 농사를 짓기 좋은 곳이야. 하지만 고려 시대까지는 강 주변에서 농사를 짓지 못했어. 우리나라는 여름에 홍수가 나는 경우가 많아. 옛날 사람들이 큰 강 주변 땅에 농사를 짓지 못한 이유는 이처럼 홍수가 자주 났기 때문이야.

아주 오래된 전통 마을들을 봐. 큰 강 옆에 있는 곳은 드물어. 보통은 산자락이나 높지 않은 산의 중턱이나 작은 하천 주변에 마을을 이루고 살았어. 이런 곳은 평야처럼 넓지는 않아도 농사를 지어서 먹고 살 수 있을 정도의 땅은 충분했고, 홍수가 날 염려도 적었어. 조선이 건국될 무렵에 우리나라 인구는 약 300만 명 정도였다고 해. 현재 남북한 인구를 합치면 7500만 명 정도니까 지금의 25분의 1이고, 1000만 명 가까이 사는 현재 서울 인구의 3분의 1밖에 안 되었어. 사람들이 거주하는 땅이 적었으니, 호랑이나 다른 야생 동물들이 살아갈 땅은 훨씬 넓었을 테고, 호랑이랑 사람이 마주칠 일도 적었겠지.

시간이 지나면서 상황이 달려졌어. 조선 왕조를 건국한 지도자들은 백성들이 잘 살려면 농사를 지을 땅이 더 필요하다고 생각했어. 그래서 건국 초기부터 농사를 짓기 우해 강 주변의 땅들을 개간하기 시작했지. 갈대와 잡목들로 울창했던 강변의 땅은 강물에 흘러온 흙이 쌓여서 기름지고 부드러워서 개간하기도 쉬웠어. 그럼 홍수는 어쩌냐고? 이때 사람들은 둑을 쌓는 기술을 발전시켜서 홍수 문제를 해결하기 시작했어.

농경지가 늘면서 먹을 게 많아지니까 인구도 점점 늘었지. 인구가 느니까 농경지가 더 필요하고, 또 다른 땅을 찾아서 개간하고…. 이런 식으로 조선이 건국한 1392년부터 임진왜란이 벌어진 1592년 사이 200년 동안 인구와 농경지가 급속히 늘었어. 이 무렵에 호랑이와 사람들 사이에 갈등이 본격적으로 시작된 거야. 사람들이 물가의 땅들을 자꾸 개간하니까 물가에 살던 호랑이와 마주치는 일이 많아지고, 그러면서 호환도 더 증가했지.

삼국 시대나 고려까지만 해도 불교가 나라의 종교라서 살생을 하지 않으려고 했지. 동물도 함부로 죽이지 않았어. 그래서 호환이 생겨도 누구도 적극적으로 나서서 호랑이를 잡으려 하지 않았어. 불교에서는 사람의 영혼은 죽어서도 사라지지 않고 다른 몸으로 다시 태어난다고 믿잖아. 동물들이 죽은 뒤에 사람으로 다시 태어날 수도 있고, 다른 동물로도 태어날 수 있다는 거지. 이렇게 생각하면 아무리 미천한 동물이라도 생명을 소중하게 생각할 수밖에 없어.

그러나 성리학을 공부한 유학자들이 세운 조선 왕조에 이르자 상황이 달라졌어. 유학자들은 영혼이 돌고 돈다는 불교의 '윤회(輪回)'를 믿지 않았어. 사람의 생명이 무엇보다 중요하다고 생각했고, 사후 세계보다는 현재에 백성들이 편히 사는 세상을 꿈꾸었지.

조선의 지도자들은 호랑이와 표범 같은 맹수를 해로운 동물이라고 생각했어. 조선을 건국하자마자 나라에서 앞장서서 대대적으로 범을 잡기 시작했어. 범을 전문적으로 잡는 착호군(捉虎軍)이라는 특수부대를 만들었고, 범을 잡은 사람에게는 큰 상을 내리고 벼슬도 높여 주었지. 《경국대전》이라는 조선의 법률 책에는 범을 어떻게 잡아들이고, 범을 잡은 사람에게 어떻게 포상하는지에 관한 내용을 자세히 정해 놓았을 정도였지. 아까 매년 1000마리씩 범을 잡았다는 것도 《경국대전》에서 정해 놓은 법에 따른 거야.

각 고을의 수령들은 자신의 고을에 할당된 수만큼 범을 잡아서 해마다 나라에 바쳐야 했어. 그러자 일반 백성들은 호환 걱정을 덜게 되었어. 범은 또 비싸게 거래되었기 때문에 나라에 세금으로 내는 것 말고도 많이 잡았어. 이렇게 범을 잡으니 아무리 수가 많다고 한들 줄어들 수밖에 없었지. 범은 점차 물가에서 쫓겨나 산속으로 숨어 들어가야 했어. 호랑이가 깊은 산에 산다고 사람들이 생각하게 된 건 이 때문이야.

호랑이와 표범을 어떻게 잡았을까?

옛날 사람들은 무시무시한 호랑이와 표범을 어떻게 잡았을까? 고구려 시대 무덤 속에 그려진 벽화를 보면, 말을 타고 호랑이를 쫓으며 활을 쏘는 장면이 있어. 옛날에는 범을 활이나 창을 이용해서 사냥했어. 또는 함정을 파거나 덫을 놓아 잡았지. 조선 시대에는 하도 범을 많이 잡다 보니, 범을 잡는 기술이 발달했어. 덫이 아주 정교해졌고, 범을 잡는 특수한 사냥 도구들이 만들어졌어. 임진왜란 이후에는 총이 생기면서 범을 훨씬 손쉽게 잡게 되었지.

조선 전기에는 왕들이 정기적으로 사냥을 나갔어. 왕의 사냥은 사실 군사 훈련이 목적이야. 거기에 덤으로 범 같은 맹수를 잡아 없애려는 목적도 있었지. 사냥에 동원되는 군사가 보통 수천 명에서 1만 명이 넘기도 했어. 군사들이 산을 빙 둘러싸고 짐승들을 한쪽으로 모는 거야. 놀란 짐승들이 쫓겨서 도망치는데, 그 길목에 병사들이 지키고 있다가 활을 쏘거나 창으로 찔러서 동물들을 잡았지. 이렇게 군사 훈련을 겸한 사냥을 한 번 나가면 보통 범이 2~3마리씩 잡히곤 했지.

이처럼 호랑이와 표범은 조선 시대부터 급격히 수가 줄어들기 시작했어. 조선 후기에는 범이 예전만큼 잡히지 않으니까 법률도 바뀌게 되었어. 조선 시대가 끝날 무렵에는 우리나라에 호랑이가 100마리 정도 남았지. 표범은 이보다는 많았어. 재미있는 점은 조선 후기로 가면서 늑대가 많이 출현하는데, 그 이유는 천적인 호랑이가 적어졌기 때문이야. 호랑이가 있는 곳에는 늑대가 살지 못해. 서로 같은 먹잇감을 놓고 경쟁하니까 호랑이는 늑대를 보는 족족 죽여 버리거든. 호랑이보다 훨씬 작은 표범도 마찬가지로 호랑이와 경쟁 관계이지만, 표범은 호랑이를 피해서 호랑이가 잘 가지 않는 나무가 우거진 산림에 살았기 때문에 호랑이와 같은 지역에 살면서도 어느 정도 같이 살 수 있었던 거야.

고구려 무용총 벽화 속의 호랑이 사냥

호랑이를 잡을 때 쓰던 덫, 벼락틀

● 호랑이와 함께 살아갈 수 있을까?

일제 강점기에도 호랑이의 수난은 끝나지 않았지. 조선 시대를 마치면서 우리나라에 호랑이는 100마리 정도밖에 안 남았을 거라고 했지. 그런데 일제도 해로운 동물을 없앤다는 명목으로 호랑이, 표범, 늑대 같은 맹수들을 또 다시 잡아 없앴어. 일제 강점기를 지나는 동안 많은 범이 사라져갔고, 1921년 경주에서 마지막 호랑이가 잡혔어. 표범은 1960년대에 마지막으로 잡혔지. 지금 남한에서는 호랑이와 표범이 멸종했어. 북한에는 아주 적은 수가 살아 있을 것으로 보는데, 확실하지는 않아.

너희들에게 질문이 있어. 조선 시대에도 그렇고, 일제 강점기 때도 그렇고 일반 백성들은 호랑이나 표범을 잡아 없애는 것에 찬성했을까? 반대했을까? 지금은 사람들이 호랑이나 표범이 멸종 위기에 처해 있으니까 보호해야 한다고 말할지 모르지만, 옛날 사람들도 과연 그랬을까? 호랑이나 표범에게 직접 피해를 입는 일들이 있었기 때문에 아마도 그렇지 않았을 거야.

앞으로 호랑이나 표범 같은 대형 맹수들을 우리나라에 다시 살 수 있도록 복원하자는 의견들이 있어. 너희들 생각은 어떠니?

우리나라와 붙어 있는 러시아 연해주에는 현재 호랑이가 400마리 정도, 표범은 이보다 훨씬 적은 수십 마리가 살아 있다고 해. 우리나라에서 사라진 바로 그 호랑이와 표범 들과 같은 아종이지. 지금도 호랑이와 표범을 몰래 사냥하는 사람들 때문에 위험에 놓여 있어. 러시아나 중국에 생존해 있는 호랑이와 표범을 보호하기 위해 국제적으로 많은 사람들이 관심을 쓸고 있지. 그런데 우리는 어떨까? 호랑이를 우리 민족의 상징으로 여기고 있지만, 동물원 외에는 이제 호랑이가 살아갈 수 있는 곳이 없어. 호랑이나 표범을 다시 들여와서 야생에 복원하자는 논의보다 자연에서 살아남은 러시아와 중국의 호랑이와 표범을 보호하는 노력에 우리가 좀 더 관심을 갖고 힘을 쏟아야 하지 않을까?

분명한 사실은 이 땅에서 호랑이와 표범이 멸종한 것은 우리 인

동물원의 호랑이

연해주에 살고 있는 표범
세계적으로 호랑이와 표범을 보호하기 위해 노력하고 있어.
이 사진은 2013년 4월에 촬영한 거야.

간의 책임이라는 거야. '그깟 동물들이 멸종하면 어때서'라고 생각할 수도 있지만, 그런 식이라면 앞으로 지구상에 인간밖에 살아가지 못할 거야. 그런데 인간이 혼자 살 수 있을까?

*

호랑이 Amur tiger
학명 : *Panthera tigris altaica*
분류 : 척삭동물문 > 포유강 > 식육목 > 고양이과(고양잇과)
지위 : 멸종 위기 야생 생물 I급, 한국 적색 목록 지역 절멸(RE),
IUCN 적색 목록 위기(EN)

표범 Amur leopard
학명 : *Panthera pardus orientalis*
분류 : 척삭동물문 > 포유강 > 식육목 > 고양이과(고양잇과)
지위 : 멸종 위기 야생 생물 I급, 한국 적색 목록 지역 절멸(RE),
IUCN 적색 목록 위급(CR)

(* 기본 정보: 학명, 분류, 지위 각 항목에 대한 자세한 설명은 162쪽에 있어요.)

곰은 쓸개 때문에 여우는 가죽 때문에

곰과 여우

이번에 소개할 동물은 남한의 야생에서 거의 멸종했다가 최근에 복원 사업이 활발하게 펼쳐지고 있는 포유동물(젖먹이 동물)이야. 바로 곰과 여우. 옛날부터 전해지는 속담이나 민담, 전설에 자주 등장해서 아주 친숙하지.

곰은 1980년대 초에 50마리 정도 살아남은 것으로 조사되었는데, 계속 줄어서 2000년대 초에는 5마리쯤 남게 되었어. 그대로 두면 곰은 완전히 사라질 뻔했는데, 2004년부터 지리산 국립공원에서 반달가슴곰 복원 사업을 시작하면서 지금은 야생에 40마리 정도가 살고 있어.

여우는 1960년대까지만 해도 종종 관찰되었는데, 1980년 이후

반달가슴곰은 귀가 크고, 어깨와 목의 양 옆에 긴 털이 나 있어. 겨울에는 마치 목도리를 두른 것처럼 보인단다. 브이(V) 모양의 가슴 무늬는 개체마다 형태가 조금씩 달라서 무늬를 보고 개체를 구별할 수 있어.

올박사! 반가워. 내 소개도 잘 해줄 거지?

흰 털의 'V' 모양 때문에 반달가슴곰이라고 이름이 붙었어.

우리나라에 살던 여우는 붉은여우라고도 불리는데, 이름처럼 털 빛깔이 약간 붉어.

붉은빛 털 때문에 붉은여우라고 부르지. 반가워!

로는 남한에서 더 이상 볼 수 없게 되었어. 여우는 2012년 경북 소백산에 여우 복원 센터가 생기면서 이제 복원이 시작 단계에 있어. 복원이란 야생에서 사라진 동물을 다시 되살리는 일이야. 곰과 여우의 경우 우리나라와 가까운 중국이나 러시아에 사는 동물을 들여와서 복원하고 있어. 중국과 러시아에 사는 곰과 여우는 우리나라에 살던 곰과 여우와 유전적으로 같기 때문에 가능한 일이지. 만약 유전적으로 다르다면, 야생에 되살리더라도 진정한 복원이라고 할 수 없어.

● 우리나라에 살던 곰

세계적으로 곰은 8종이 있는데, 우리나라에는 두 종류의 곰이 살았어. 하나는 반달가슴곰 또는 반달곰이라고 부르는 곰이고, 다른 하나는 불곰이야. 불곰은 추운 북쪽 지역에 살기 때문에 한반도에서는 백두산이나 함경북도에서만 살았고, 남한에서는 아예 볼 수가 없었어. 그래서 우리 조상들이 '곰'이라고 불렀던 건 우리나라 곳곳에 살았던 반달가슴곰이야.

반달가슴곰의 이름에 '반달'이 붙은 건 가슴에 '브이(V)' 자 모양의 흰 털이 나 있어서야. 그 모양이 반달 같아서 반달가슴곰이라고 이름 붙였지. 영어로는 아시아 흑곰(Asiatic black bear)이라고 하는데, 중국과 티베트, 일본, 동남아시아, 동북아시아 등 아시아 대륙에

곰이 나무 위에 지은 둥지
새들이 둥지를 짓는 것처럼 반달가슴곰은 나뭇가지를 엮어서 나무 위에 보금자리를
만들기도 해. 이 보금자리를 '상사리'라고 부르는데, 곰은 이곳에서 잠을 자거나 쉰단다.

널리 분포하고 검은 털로 덮여 있기 때문에 그렇게 불러.

　반달가슴곰은 몸길이가 약 1.4~1.9미터쯤이고, 몸무게는 수컷이 100~150킬로그램, 암컷은 65~90킬로그램 정도로 곰 종류 중에서 중간 정도 크기야. 냄새를 잘 맡고 귀가 아주 밝은 반달가슴곰은 잡식성인데, 도토리나 나무 열매 같은 식물성 먹이를 주로 먹어. 먹을 게 없으면 다른 동물을 잡아먹기도 하지. 반달가슴곰은 여름에 짝짓기를 하지만 바로 새끼가 생기지 않아. 정자와 난자가 만나서 수정란 상태로 몇 달 동안 엄마 곰의 아기집에 있다가, 겨울잠을 자는 동안에야 비로소 새끼로 자란단다. 이른 봄에 겨울잠에서 아직 덜 깼을 때 새끼를 낳는데, 보통 두 마리를 낳아. 기온이 따뜻해지고 먹이가 풍부해지는 봄에 맞춰서 새끼를 낳으려는 자연의 섭리라고 할 수 있어.

아 참, 반달가슴곰은 꿀을 좋아해서, 벌집을 보면 그냥 지나치지 못해. 꿀벌이 침을 쏘아도 끄떡하지 않고 벌집을 헤집어 그 속의 꿀을 먹어버리지.

💬 우리나라에 살던 여우

그럼 여우는 어땠을까? 여우는 개나 늑대와 같은 개과(갯과) 동물이야. 귀가 쫑긋하고 주둥이는 뾰족한 게 특징이야. 여우는 세계적으로 12종이 있는데 우리나라에는 영어로 '레드 폭스(Red fox)', 즉 붉은여우라고 불리는 한 종만 살았어.

붉은여우는 뜨거운 열대 지역을 제외한 유라시아 대륙과 아프리카 북부, 북아메리카 대륙까지 널리 분포해. 사는 곳이 워낙 넓다 보니까 사는 곳에 따라 생김새나 사는 방식이 조금씩 달라. 우리나라에는 여우가 한 종류만 살아서 반달가슴곰을 그냥 '곰'으로 부르는 것과 마찬가지로 붉은여우를 그냥 '여우'라고 불러왔어.

여우는 털빛이 누런데, 보기에 따라서는 붉게도 보여. 영어 이름이 레드 폭스인 것도 그 때문이야. '불여우'라는 말을 한 번쯤 들어봤을 거야. 어르신들이 많이 쓰는 말인데, 사투리로는 불여시,

불여수라고도 하지. 여기서 '불'은 뜨거운 불을 뜻하는 게 아니라, 붉다는 뜻의 '붉'이 '불'로 소리가 난 거야. 즉 불여우라는 말은 붉은 여우라는 뜻이지.

그런데 사실 붉다는 말 역시 불에서 유래했어. 붉게 타는 불빛을 보고 붉다는 말이 생긴 거지. 그렇게 따지면 불여우가 불하고 관계가 전혀 없는 건 아니네!

여우는 몸길이가 60~80센티미터이니까, 맹수라고 불리기에는 좀 작은 편이고 오히려 귀엽게 보이기도 하지. 여우는 쥐나 토끼 같은 작은 동물을 주로 잡아먹고 살지만, 열매를 먹기도 하는 잡식

일본의 붉은여우
세계적으로 보면 붉은여우는 수가 많은 편이야.

성이야. 곰은 크고 높은 산의 울창한 숲에 살지만, 여우는 낮은 산지의 숲이나 초원, 마을 부근에 살았어. 그래서 여우는 사람들과 마주치는 일도 잦았어. 바위틈이나 땅굴을 보금자리로 삼는데, 굴을 직접 파기도 하지만 오소리 같은 다른 동물들이 판 굴을 빼앗기도 한단다.

곰은 쓸개 때문에 여우는 가죽 때문에

'곰은 쓸개 때문에 죽고 사람은 혀 때문에 죽는다.'는 속담이 있지. 말조심을 하지 않으면 큰 곤경을 겪게 된다는 뜻이야. 그런데 곰은 왜 쓸개 때문에 죽게 될까?

곰의 쓸개를 웅담(熊膽)이라고 하는데 예부터 아주 값비싼 약재로 썼어. 그래서 웅담을 얻으려고 곰을 많이 잡았어. 야생에서는 곰을 잡아먹거나 죽일 수 있는 동물은 거의 없어. 천하무적인 호랑이라도 덩치가 크고 힘도 센 곰을 상대하려면 목숨을 걸어야 하기 때문이지. 곰이 지금처럼 멸종 위기에 놓이게 된 것은 바로 웅담을 얻으려고 사람들이 너무 많이 사냥했기 때문이라고 할 수 있어.

여우의 경우는 어떨까? 여우가 갑자기 사라진 1960년대에 우리나라에서는 쥐 잡기 운동이 크게 펼쳐졌어. 그래서 쥐를 잡으려고 놓은 쥐약 때문에 여우가 사라졌을 거라고 생각하는 사람도 있어. 쥐약에 중독된 쥐를 여우가 잡아먹으면서 2차로 중독을 일으켜 죽게 되었다는 거지. 우리나라에 살던 여우는 마을 주변에 많이 살았기 때문에 쥐약에 중독되는 일도 분명 있었을 거야.

하지만 쥐약이 여우가 사라진 결정적인 이유라고 볼 수는 없어. 만약 쥐약 때문에 사라졌다면 너구리처럼 집 주변에서 살아가는 다른 동물들도 사라졌을 거야. 하지만 너구리는 예나 지금이나 흔히 볼 수 있거든. 결국 여우가 사라진 가장 큰 이유는 곰과 마찬가지로 사람들이 너무 많이 잡아서야. 곰처럼 웅담 때문은 아니고, 바로 따뜻한 털가죽을 얻기 위해서였지. 여우 털가죽으로 만든 목도리가 아주 비싸게 거래되었기 때문에 사람들이 여우를 보이는 대로 잡았던 거야.

● 곰과 여우와 함께 살아가려면

여우는 복원하더라도 사람에게 큰 문제를 일으킬 것 같지 않아. 여우는 사람을 무서워하고, 농작물이나 가축에 피해를 입힐 일도 거의 없기 때문이야. 전염병은 한번 생각해 볼 필요가 있어. 개과 동물이기 때문에 광견병 같은 무서운 질병을 옮길 수도 있거든. 하지만 여우가 흔한 일본의 경우를 보면 여우가 사람들과 갈등을 빚는 일은 별로 없어. 오히려 여우가 늘어나면 또다시 몰래 여우를 잡는 사람들이 늘어날까 봐 걱정이지.

곰은 좀 달라. 반달가슴곰이 다른 곰보다 성질은 온순해도 사람에게 충분히 위협이 될 수도 있거든. 곰을 복원하고 있는 지리산에서는 곰 때문에 농작물 피해를 입거나 양봉하는 벌통이 훼손되는 일로 농민들과 갈등을 빚기도 하지. 그렇다면 곰을 아예 없애버리는 게 나을까? 너희라면 어떻게 하겠니?

사람에게 해를 끼치거나 끼칠 가능성이 있는 생물을 모두 없애버린다면, 결국 인간도 오래 살지 못할 거야. 야생 동물에게도 양보를 하고 함께 살아갈 수 있도록 지혜를 모아야 할 거야.

유럽의 붉은여우

[덤] 곰과 마주치면 어떡하지?

산에서 반달가슴곰과 마주치면 어떻게 해야 할까? 과거에 곰과 직접 마주친 적이 있는 어르신들의 이야기를 들어보면, 곰은 멀리서 사람이 다가오는 것을 느끼면 슬그머니 자리를 피한다고 해. 그러니까 곰이 알아서 사람을 피한다는 거지.

그런데 곰이 사람을 공격하는 경우도 있었대. 그게 언제냐면, 새끼를 기르고 있는 어미 곰과 만났을 때야. 대부분의 동물은 모두 새끼를 지키려고 할 때 사나워지지. 보통 때는 어미 곰 역시 새끼들과 함께 사람을 피해서 다니는데, 더 이상 피할 데가 없으면 새끼들을 지키려고 사람을 공격할 수도 있어. 곰을 만나면 나무 위로 올라가야 한다고 말하는 사람도 있는데, 반달가슴곰은 나무를 엄청 잘 타니까 나무 위로 도망쳐도 소용이 없어.

반달가슴곰을 멀리서 마주치게 되면 곰을 자극하지 말고 천천히 뒷걸음치면서 자리를 피하는 게 가장 좋은 방법이야. 이때 절대 눈을 피하거나 등을 보이면서 뛰어서는 안 돼. 곰이 사람을 쫓아올 수도 있거든.

만약에 곰과 닿을 정도로 아주 가까이서 마주치게 된다면, 등산 스틱 같은 작대기나 배낭을 휘두르면서 곰에게 저항해야 해. 그러면 곰이 놀라서 도망치기도 하거든. 그런데 도저히 곰을 피할 수 없으면 땅바닥에 바짝 엎드려서 머리 같은 중요한 부위를 감싸고 꼼짝 말고 있어야 해. 곰이 그냥 자리를 떠날 때까지 말이야.

곰(반달가슴곰) Asiatic black bear
학명 :   *Ursus thibetanus ussuricus*
분류 :   척삭동물문 > 포유강 > 식육목 > 곰과
지위 :   멸종 위기 야생 생물 I급, 천연기념물 제329호, 한국 적색 목록 위기(EN),
          IUCN 적색 목록 취약(VU)

여우(붉은여우) Red fox
학명 :   *Vulpes vulpes peculiosa*
분류 :   척삭동물문 > 포유강 > 식육목 > 개과(갯과)
지위 :   멸종 위기 야생 생물 I급, 한국 적색 목록 위기(EN),
          IUCN 적색 목록 관심 대상(LC)

비슷하면서도 다른 족제비과(족제빗과) 동물
수달과 담비

서로 닮은 점도 많고 다른 점도 많은 동물인 수달과 담비 이야기를 이제부터 해볼까. 둘 다 족제비과에 속하고, 예부터 털가죽 때문에 많이 사냥하던 동물이야. 이 털가죽은 뛰어난 품질의 '모피 코트'를 만드는 재료로 썼어. 지금은 둘 다 우리나라에서 멸종 위기라는 것도 비슷해.

다른 점도 있어. 수달(水獺)은 이름처럼 물가에 살면서 물고기나 작은 동물을 잡아먹고 사는 육식성이고, 담비는 깊은 산에 살면서 작은 동물을 잡아먹거나 달콤한 열매를 먹고 사는 잡식성이야. 담비는 산에 사는 수달이라는 뜻으로 산달(山獺)이라고도 불렀어.

수달, 안녕!
물가에 사는 수달은
이름에도 물[수(水)] 자가
들어 있어.

수달은 몸길이가 약 1~1.2미터, 몸무게는 약 7~10킬로그램 정도이고, 발에 물갈퀴가 있어서 헤엄을 잘 친단다.

수달이랑 담비가
비슷하게 생겼지?
하지만 사는 곳이 달라서
자연에서 만나면
헷갈리지 않을 거야.

담비(산달)는 몸길이가 60~70센티미터, 꼬리 길이는 40~45센티미터로 몸에 비해 꼬리가 아주 긴 편이야. 우리나라 중부 이남에 사는 담비는 목 부분의 털이 노랗기 때문에 '노란목도리담비'라고도 부르지.

🗨 노련한 물고기 사냥꾼 수달

수달은 깜찍한 외모와 달리 물속 생태계에서는 먹이사슬의 최상위 포식자야. 땅 위의 호랑이처럼 말이야. 세계적으로 수달은 13종이 있는데, 우리나라에는 '유라시아 수달'이라고도 불리는 수달(*L. lutra*) 한 종만 볼 수 있어. 이름처럼 유럽에서부터 아시아 대륙에 걸쳐서 널리 분포하는데, 젖먹이 동물 중에서 서식 범위가 가장 넓은 종이라고 할 수 있지.

우리나라에서 수달은 제주도와 울릉도를 제외한 전국의 하천과 해안 지역에 살았는데, 지금은 수가 많이 줄어서 백두대간과 지리산을 중심으로 사람이 드문 지역과 서해와 남해의 해안과 섬 지역에서 가끔 발견되고 있어.

털가죽은 물에 잘 젖지 않고 보온력도 뛰어나. 그런데도 수달은 체온을 유지하기 위해서 다른 동물보다 더 많은 에너지를 필요로 해. 수달은 몸에 지방이 거의 없어서 열을 쉽게 빼앗기는 편이야. 살찐 사람이 대체로 추위를 덜 타는 이유는 몸에 지방이 많아서 열을 잘 빼앗기지 않기 때문이야. 뛰어난 모피를 가지고 있어도, 제때 먹이를 먹지 못하면 체온이 떨어져서 다른 동물들보다 쉽게 목숨을 잃을 수 있어.

차가운 물속에서 체온을 유지하려면 하루에 자신의 몸무게의 12~15퍼센트를 먹어야 해. 덩치에 비해 아주 많은 양을 먹는 거야. 먹이를 찾아 다니느라 겨울에도 겨울잠을 자지 않고 계속 움직

여야 하지. 그렇지 않으면 굶어 죽거나 얼어 죽게 되거든.

동물원에서 먹이 걱정 없이 살아가는 수달은 최대 12~16년을 사는데, 요즘 야생에서 사는 수달은 3년 이상을 살지 못해. 야생에서는 수달의 새끼들도 대부분 1년을 못 넘기고 죽어. 자연 상태에서 수달의 수가 쉽게 증가하지 못하는 이유도 그 때문이지.

부산 가덕도의 밤바다에서 만난 수달이야. 수달이 강이나 호수에만 사는 줄 알기 쉬운데, 바닷가에서도 만날 수 있단다.

수달은 눈에 띄는 곳에 배설물을 남기는데, 그 속에는 주로 소화하기 힘든 물고기 뼈나 갑각류의 껍질이 많이 보여.

🗨 호랑이도 잡는다는 담비

이번엔 산에 사는 담비를 보자. 우리나라에 두 종류의 담비가 사는데, 하나는 '산달' 또는 '누른돈'이라고도 불리는 담비와 '검은산달' 또는 '검은돈'이라고도 불리는 검은담비가 있어. '돈'은 담비를 뜻하는 우리말이야. 검은담비는 남한에서는 볼 수 없어. 북한에서도 함경도 이북의 깊은 숲에서 살아. 역시 멸종 위기에 놓여 있어. 반면에 담비는 전국의 내륙 산악 지대에 골고루 사는데, 예전에 견주면 지금은 아주 드물어졌지.

'담비가 작아도 범을 잡아먹는다.'는 속담이 있어. 진짜로 그런 건 아니고, 담비가 크기는 작지만 두세 마리씩 무리를 지어 다니면서 자기보다 훨씬 큰 동물에게도 지지 않기 때문에 생긴 말이야.

고라니나 멧돼지 같은 동물들의 수가 크게 늘어나서 요즘 문제가 되고 있잖아. 옛날에는 호랑이나 표범이 고라니와 멧돼지를 잡아먹어서 그 수를 적절하게 조절했는데, 이제 호랑이와 표범은 우리나라에서 사라졌어. 지금은 호랑이와 표범을 대신해서 담비가 먹이사슬의 허리를 차지하는 중소형 동물들의 수를 조절하는 역할을 하고 있어.

작은 개 크기밖에 안 되는 담비가 어떻게 그런 일을 할 수 있냐고? 비밀은 바로 협력에 있어. 담비는 무리를 지어서 사냥하기 때문에 자기보다 덩치가 큰 동물도 사냥할 수 있지. 어떨 때는 서로 다른 담비 무리가 힘을 합쳐서 사냥할 때도 있어.

하지만 담비가 아무리 용감해도 어른 멧돼지나 고라니는 사냥할 수 없고, 보통 새끼나 아직 어른이 되지 않은 동물을 사냥하지. 담비는 워낙 민첩하고 나무도 잘 타고 좁은 덤불 사이도 잘 다니기 때문에 먹잇감이 도망쳐도 끝까지 쫓아가서 도망치다가 지친 동물들을 공격하는 거야.

동물들이 무얼 먹는지 알아내는 가장 좋은 방법은 똥을 관찰하는 거지.

무리를 지어 노루를 사냥하는 담비
담비의 똥을 자세히 보면 동물의 뼈와 털, 씨앗이 들어 있어.
담비는 다른 동물을 사냥하기도 하지만, 주로 먹는 것은 식물의 열매야.
특히 산에서 자라는 고욤, 다래, 버찌 같은 즙이 많고 달콤한 열매를 좋아한단다.

최근에 연구자들이 조사해 보니까 우리나라에 사는 담비들이 1년 동안 멧돼지 1만 마리, 고라니 1만 마리 정도를 잡아먹는다는 거야. 이쯤이면 생태계 조절 능력이 호랑이나 표범에 버금간다고 볼 수 있지. 아, 참! 걱정할까 봐 얘기해 두는데, 담비가 사람을 공격하는 일은 없어. 수달도 마찬가지고.

● 모피 때문에 겪어야 했던 수난

　사는 곳이 다른 수달과 담비가 줄어든 이유는 비슷해. 가죽을 사람들이 옷감으로 썼기 때문이야. 특히 담비의 털가죽은 아주 오래전부터 동서양을 가리지 않고 가장 귀한 모피로 대접받았어. 가볍고 따뜻하고, 게다가 보기에도 아주 고급스러워서야. 우리나라에서도 조선 시대 이전의 사회에서는 귀족이나 높은 벼슬을 하던 사람만 담비 털가죽으로 만든 옷을 입을 수 있었어.

　담비 중에서도 검은담비의 털가죽을 최고로 쳤지. 서양에서는 검은담비를 세이블(sable)이라고 부르는데, 옛날에 러시아에서는 사냥꾼이 검은담비를 한 마리만 잡아도 일 년 동안 먹고 살 수 있는 큰 돈을 벌었다고 해. 그 모피를 손질해서 코트나 목도리를 만들면 그 가치는 사냥꾼이 손에 쥐는 돈과는 비교할 수 없을 만큼 어마어마해졌고. 검은담비 모피로 만든 옷은 최고의 사치품이었어.

　수달의 모피는 다른 어떤 동물의 털가죽보다 보온력이 뛰어나지만, 조금 무거운 게 단점이야. 그래서 아주 추운 지방에서만 수달 모피로 코트 같은 옷을 지어 입었어. 수달의 모피는 방수성이 뛰어나고 잘 닳지 않아서 때가 잘 타고 닳기 쉬운 옷깃이나 소매에 덧대는 용도로 많이 썼단다. 그럼에도 수달의 모피 역시 값이 만만치 않아서 가죽으로 돈을 벌려는 사람들에게 많이 희생되었어.

나중에 너희들이 세계사를 좀 더 깊이 공부할 기회가 생기면, 모피를 빼놓고 17세기부터 20세기 초반까지의 세계사를 이야기할 수 없다는 걸 알게 될 거야. 왜냐하면 당시에 세계적으로 모피 수요가 엄청나게 증가하면서 모피는 가장 비싸고 중요한 교역품이 되었고, 그 때문에 수많은 동물들이 희생되었기 때문이지. 지금 멸

19세기 영국의 수달 사냥

종 위기에 놓인 젖먹이 동물 중에 상당수가 바로 이 시기에 이미 회복할 수 없을 정도로 수가 줄었고, 몇몇 종은 아예 멸종하고 말았어.

최근 모피를 얻기 위한 과도한 남획은 줄어들었어. 모피를 찾는 사람도 줄었고 모피의 가치도 예전만 못하기 때문이지. 그런데 오늘날에도 수달과 담비를 위협하는 요인이 있어. 뭘까? 이제부터 그 이야기를 해볼게.

💬 수달과 담비의 서식지 파괴와 환경 오염

사실 수달 같은 경우는 남획에도 불구하고 20세기 초반까지만 해도 멸종 위기라고 할 정도는 아니었어. 하지만 수달이 예전보다 눈에 띄게 줄었다는 걸 깨닫고 유럽에서 가장 먼저 수달을 보호하자는 목소리가 나오기 시작했어. 유럽의 여러 나라에서 수달 사냥이 금지되었지. 하지만 1950년대를 지나면서 수달은 빠르게 사라졌고, 네덜란드 같은 몇몇 나라에서는 아예 멸종했어.

수달에게 새로운 위협이 된 것은 바로 무분별한 하천 개발로 인한 서식지의 파괴와 과도한 농약 사용으로 인한 환경 오염이었어. 제2차 세계 대전이 끝나고 세계 경제가 급속하게 성장하면서, 그와 함께 하천들이 개발되기 시작했어. 구불구불했던 물길을 곧게 만드는 직강화 공사를 하면서 하천 주변을 콘크리트로 덮어 버린 거야. 수달은 물가에 자연스럽게 만들어진 굴이나 수풀에다 보금자리를 만들어 새끼를 기르는데, 하천 환경이 변하면서 보금자리를 만들 수 있는 공간이 없어져 버린 거지.

지금도 우리 주변에서 생태 하천을 만든다고 하면서 산책로와 자전거 도로를 깔고 사람들이 이용할 수 있는 온갖 시설들을 설치하는데, 그런 곳은 이름만 생태일뿐 생태와 거리가 멀어. 당연히 수달 같은 동물들도 살아갈 수 없어.

하천변이 콘크리트로 덮이면서 수달이 살 수 있는 공간도 사라졌어.

또 1900년대 초부터 1970년대 초반까지 DDT(디디티)나 PCB(피시비)와 같은 화학 물질들이 농약과 살충제, 각종 화학제품의 첨가제로 널리 사용되었어. DDT라는 살충제를 들어본 적 있지? 1950~1960년대에 어린 시절을 보낸 어른들에게 물어보면 잘 알고 있을 거야. 옛날에는 아이들의 머리나 몸에 벼룩, 이, 옴 같은 기생충이 많았어. 이 벌레들은 사람의 피를 빨아먹을 뿐만 아니라, 병을 옮기기도 해서 그대로 두면 건강을 해칠 수 있어. 그래서 학교에서 아이들에게 기생하는 벌레를 죽이려고 가루 형태의 DDT를 뿌려주었지.

지금은 DDT나 PCB가 대표적인 환경 호르몬이자 생태계 교란 물질로 밝혀지면서 대부분의 나라에서 사용이 금지되었지만, 당시에는 값싸고 안전하며 유용한 물질로 알려져서 사람들이 무분별하게 많이 사용했던 거야.

이들 화학 물질은 먼저 토양을 오염시켜서 땅 위의 많은 생물들이 사라졌고, 빗물에 씻겨 흘러가면서 하천과 바다를 차례로 오염시켜 물속의 많은 생물들도 사라졌어. 물속 생물들이 줄어드니까 수달의 먹잇감인 물고기도 줄고, 수달도 수가 줄어들게 된 것이지.

담비의 경우, 이들 화학 물질이 담비가 줄어드는 데 어떤 영향을 미쳤는지 충분한 연구가 이뤄지지 않았어. 하지만 먹이사슬을 통해서 담비의 몸에도 이들 화학 물질이 쌓였을 테고, 그로 인해 좋지 않은 영향을 받았을 거라고 충분히 추측해 볼 수는 있을 거야. 1970년 무렵부터 DDT나 PCB 등의 화학 물질은 사용이 금지되었어. 그런데 지금도 토양과 하천, 바다 그리고 야생 동물의 몸에서 검출되고 있다니 화학 물질의 심각성을 알 수 있어.

경제 성장과 함께 하천만 개발된 게 아니야. 나무로 우거졌던 숲도 사라지게 되었지. 우리나라 같은 경우 1970년대까지만 해도 나무 한 그루 없는 민둥산들이 전국에 셀 수 없이 많았어. 일제 강점기와 한국 전쟁 등을 거치면서 산림이 급속히 파괴되었고, 사람들도 땔감이나 살림살이를 장만하느라고 나무를 아주 많이 베었기 때문이야. 숲이 줄면서 숲에 사는 담비 역시 살 곳을 잃고 사라지게 되었지. 또 인구가 늘고, 사람들이 산속 깊은 곳까지 들어가 살면서 담비가 살 만한 공간은 계속 줄었어.

● 새로운 위험, 교통사고와 꿀벌의 감소

최근에 수달과 담비의 생존을 위협하는 새로운 문제는 교통사고야. 야생 동물이 도로에서 교통사고로 죽는 걸 '로드킬(road kill)'이라고 해. 로드킬은 수달과 담비만 아니라 대부분 야생 동물의 생존을 위협하고 있어.

호수 주변과 하천이나 해안을 따라서 도로가 놓이는 경우가 많아서 물가로 나온 수달이 자주 교통사고를 당하는 거야. 물가의 도로는 수달의 서식지를 단절시키고, 상대적으로 땅위에서 움직임이

둔한 수달이 도로를 건너다가 교통사고를 당할 확률이 높아. 우리나라에서도 야생 동물 구조 센터에 구조되는 수달 중 상당수가 교통사고를 당한 경우라고 해.

담비는 깊은 산에 살기 때문에 로드킬을 잘 당하지 않았는데, 몇 해 전부터 도로에서 죽은 담비가 자주 발견되고 있어. 담비가 도로까지 내려온 이유가 최근에 연구되었는데, 의외로 꿀벌과 관련이 있더래. 현재 세계적으로 꿀벌이 급격히 사라지고 있는 것이 큰 문제로 떠오르고 있어. 전염병, 농약과 항생제 과다 사용, 휴대 기기 증가로 인한 전자파의 영향 등으로 꿀벌이 사라지는 원인을 설명하려는 여러 시도들이 있지만, 아직까지 정확히 밝혀지지는 않았어.

우리나라에서는 2009년에 전염병이 발생해서 토종 꿀벌의 95퍼센트가 사라진 일도 있었어. 생태계에서 꿀벌은 식물의 꽃가루를 전달해 주는 역할을 하기 때문에, 꿀벌의 수가 줄면 식물들도 제대로 번식할 수 없게 돼.

담비는 육식도 하지만, 주로 먹는 것은 나무 열매야. 꿀벌이 줄면서 산속의 나무가 열매를 제대로 맺지 못하고 먹을 것이 부족해지자, 담비가 숲을 나와서 먹이를 찾다가 교통사고를 당하게 되는 거지. 담비는 특히 버찌를 좋아하는데, 도로변에 가로수로 벚나무를 많이 심다 보니 버찌를 먹으려고 도로가로 내려왔을 수도 있어.

보통 자연 상태에서는 병들거나 약한 개체가 먼저 죽고, 건강한 개체는 계속 살아남아서 건강한 자손을 낳게 되는데, 로드킬은 병

든 개체와 건강한 개체를 가리지 않기 때문에 더 생태계에 좋지 않은 영향을 미치는 거야.

이처럼 어떤 생물이 사라지는 이유는 단순하지 않은 경우가 많아. 그래서 인간이 편리를 위해 만든 것들이 자연에 얼마나 영향을 끼치는지도 미리 알기가 어렵지. 분명한 사실은 우리 주변에서 생명들이 사라지는 것이 결코 우리 인간에게도 좋지 않은 징후라는 거야. 곧 우리에게도 닥칠 재앙일 수 있기 때문이지.

지금은 수달과 담비 둘 다 우리나라에서 멸종 위기지만, 적응력이 뛰어난 동물이야. 우리가 조금만 노력하면 금방 우리 곁에 다시 돌아올 동물이기도 하지. 우리는 어떤 일을 할 수 있을까?

기본정보

수달 Eurasian otter, Common otter
- 학명 : *Lutra lutra*
- 분류 : 척삭동물문 > 포유강 > 식육목 > 족제비과(족제빗과) > 수달아과 > 수달속
- 지위 : 멸종 위기 야생 동물 I급, 천연기념물 제330호, 한국 적색 목록 취약(VU), IUCN 적색 목록 준위협(NT)

담비(대륙담비) Yellow-Throated marten
- 학명 : *Martes flavigula*
- 분류 : 척삭동물문 > 포유강 > 식육목 > 족제비과(족제빗과) > 족제비아과 > 담비속
- 지위 : 멸종 위기 야생 생물 II급, 한국 적색 목록 취약(VU), IUCN 적색 목록 관심 대상(LC)

발굽을 지닌 온순한 초식 동물들
꽃사슴과 산양

젖먹이 동물의 발을 보면 그 동물의 식성을 알 수가 있어. 다른 동물을 잡아먹고 사는 육식성 동물들은 날카로운 발톱을 지녔지만, 잡식성이거나 초식성인 동물은 굽(두껍고 단단한 발톱)으로 된 튼튼한 발을 가지고 있는 경우가 많지. 소, 말, 양, 돼지처럼 큰 발굽을 가진 동물을 유제류(有蹄類)라고 해. 발굽을 뜻하는 한자 '제(蹄)'를 쓴 건데, 우리말로는 '발굽 동물'이라고도 해.

발굽 동물은 기제류(奇蹄類)와 우제류(偶蹄類) 두 종류가 있어. 지금은 잘 쓰지 않는 어려운 한자말로 홀수를 기수(奇數), 짝수를 우수(偶數)라고 하는데, '기제'는 발굽이 홀수, '우제'는 발굽이 짝수라는 뜻이야.

기제류를 대표하는 동물은 말이지. 말은 발굽이 1개야. 우제류를 대표하는 건 소인데 소는 발굽이 2개야.

우리나라에 사는 야생 동물 중에서 발굽 동물은 우제류밖에 없는데, 그중에서 잡식성 멧돼지를 빼면 나머지는 모두 초식 동물이지. 이제 소개할 멸종 위기 동물은 꽃사슴과 산양이야. 꽃사슴은 사슴과를 대표하고 산양은 소과(솟과)를 대표한다고 할 수 있어. 모두 발굽이 짝수인 우제류야.

말과 같은 기제류는 우리나라의 야생에 없고, 야생에서 만날 수 있는 사슴이나 산양은 모두 소와 같은 우제류야.

● 우리나라를 대표하는 사슴, 꽃사슴

우리나라에는 꽃사슴을 포함해서 누렁이, 노루, 고라니, 사향노루 등 5종류의 사슴이 살아. 그중에서 갈사슴[마록(馬鹿)]이라고도 하는 누렁이는 지금은 백두산에서만 볼 수 있어. 그래서 백두산사슴이라고 하지. 문헌 기록으로 보면 누렁이는 조선 시대 초기까지만 해도 한반도 남쪽에서도 살았을 가능성이 있어. 어쨌든 지금은 남한에서는 볼 수 없어.

나머지 4종류의 사슴 중에서 노루와 고라니는 비교적 흔하게 볼 수 있는데, 꽃사슴과 사향노루는 환경부 멸종 위기 야생 동물 I급으로 지정될 만큼 심각한 멸종 위기에 놓여 있어.

꽃사슴은 활짝 핀 하얀 매화꽃을 뿌려 놓은 것 같은 점들이 몸에 있어. 매우 아름다운 사슴이야. 우리나라를 비롯해 중국, 러시아, 일본 등에 널리 분포하는 동아시아를 대표하는 사슴이지.

꽃사슴 역시 옛날에 우리나라 곳곳에 살았는데, 조선 시대에 이미 급격히 수가 줄었고 1940년대 이후로 남한에서는 사실상 멸종했어. 하지만 호랑이와 표범의 경우처럼 우리나라에 살던 대표적인 젖먹이 동물인 데다가 복원 가능성도 높아서 환경부 멸종 위기 야생 동물 목록에 있는 거야. 가끔 외딴 섬에 가면 숲에서 꽃사슴을 만날 수 있는데, 그건 사람들이 일본이나 타이완 같은 외국에서 가축으로 기르는 꽃사슴을 들여와서 풀어놓은 거야.

꽃사슴은 어깨까지 높이가 70~130센티미터, 몸통의 길이가 90~190센티미터 정도로 사슴과 동물 중에서도 큰 편에 속해. 옛날에 우리나라 전역에 살아서 흔히 사슴이라고 하면 바로 꽃사슴을 가리킨단다.

험준한 산악에서 사는 산양

우리나라에 사는 산양은 히말라야를 배경으로 한 자연 다큐멘터리에 나오는 외국의 산양과는 전혀 다른 종이야. 우리나라 산양은 한반도와 러시아 연해주, 중국 동북부 등 동북아시아에서만 사는 종인데, 현재 러시아와 중국에서도 심각한 멸종 위기야.

산양은 발굽을 발가락처럼 움직일 수 있는데, 이것은 발가락에서 발굽으로 진화해가는 중간 단계라서 그래. 즉 산양은 발굽 동

[덤] 노루와 고라니를 어떻게 구별해?

노루와 고라니는 다른 멸종 위기 동물들보다는 우리가 자주 볼 수 있어. 그런데 생김새가 비슷해서 구별을 잘 못하는 사람도 있을 거야.
차이는 노루는 수컷의 머리에 뿔이 나는데, 고라니는 암수 모두 뿔이 없다는 거지.

노루 수컷은 짝짓기 시기에 맞춰서 1년에 한 번씩 머리에 뿔이 나.
뿔이 없을 때는 어떻게 구분할까? 노루는 엉덩이 부분의 털이 흰데, 고라니는 그렇지 않아.

고라니는 위턱에 송곳니가 길게 나는 게 특징이야. 특히 수컷의 송곳니는 암컷보다 훨씬 길어서 입 밖으로 삐죽 튀어나와 있어서 흡혈귀처럼 보일지도 몰라. 송곳니는 보통 육식 동물들이 발달했잖아. 송곳니는 보통 고기를 찢을 때 쓰는데, 풀을 먹는 고라니는 송곳니가 왜 길게 자라는 걸까? 고라니는 나무껍질에다가 자기 영역을 표시하는 데에 날카로운 송곳니를 사용해. 송곳니를 칼처럼 이용해서 나무에 상처를 내는 거지. 너희도 숲에 가면 나무에 칼로 긁은 것 같은 상처가 있는지 한번 살펴보렴.
또 노루와 고라니는 사는 곳이 조금 달라. 노루는 인적이 드문 산지에 주로 살고, 고라니는 얕은 산지와 농경지 주변, 하천변 등에서 살아. 영어로 워터 디어(Water deer)라고 불릴 정도로 고라니는 물을 좋아하고 헤엄도 아주 잘 치지. 하천변이나 마을 주변에서 보이는 건 거의 고라니라고 보면 돼.

고라니 송곳니가 아주 길어서 노루와 구별되지. 고라니가 농작물에 끼치는 피해가 크다고 유해 동물로 지정되어 총으로 쏴 죽이기도 하는데, 사실 우리나라에서만 흔하고 세계적으로 보면 고라니는 매우 귀한 동물이야. 고라니는 동아시아에 분포하는데, 중국에서는 심각한 멸종 위기를 겪고 있어.

물들 중에서도 원시적인 형태를 간직하고 있어서 산양을 연구하면 발굽 동물이 진화해 온 과정을 알 수 있어. 그래서 학술적으로도 아주 가치가 큰 동물이야.

우리나라에 산양 서식지로 알려진 곳은 강원도 양구의 비무장 지대와 설악산, 오대산, 경북 울진 등 백두대간을 따라서 바위와 절벽으로 이루어진 아주 높고 험한 산악 지역이야. 산양은 주변이 탁 트인 곳을 좋아해서 그런 곳에 살아가지. 수풀로 우거진 숲에서는 살지 않아.

고라니, 노루와 달리 산양은 꼬리가 긴 편이야.

높고 험한 산악 지역에서 살아서 자주 볼 수 없어.

산양은 암수 모두 머리에 뿔이 있는데, 일생 동안 빠지지 않고 조금씩 자라기 때문에 뿔에 생긴 주름의 개수를 보고 나이를 가늠할 수 있단다. 또 산양은 발뒤꿈치까지 내려오는 긴 꼬리가 특징이야.

하지만 겨울철에 폭설이 내리면 어쩔 수 없이 낮은 지대로 내려오는 경우가 있어. 눈이 많이 내리면 먹잇감인 나뭇잎이나 풀, 이끼 등이 눈 속에 파묻혀서 먹이를 구할 수 없어. 1964년에서 1965년으로 넘어가는 겨울에 강원도에 엄청난 폭설이 내렸는데, 그때 저지대로 내려왔다가 사람들에게 잡힌 산양이 약 3000마리나 되었다고 해. 이 사건을 계기로 1968년에 산양이 천연기념물로 지정되었고 보호하기 시작했어.

그리고 산양은 자기가 살던 곳을 잘 떠나지 않아. 물론 영역 싸움에서 져서 다른 곳으로 옮겨가는 경우는 있지만 말이야.

산양
우리나라 설악산에 살고 있는 산양이야. 돌이 많고 가파른 산에서도 또각또각 잘 걸어다녀.

● 꽃사슴이 사라진 이유

꽃사슴이 사라진 가장 큰 원인은 사람들이 지나치게 많이 잡았기 때문이야. 꽃사슴은 짝짓기철에 맞추어 수컷의 머리에서 일 년에 한 번씩 뿔이 자라. 뿔이 완전히 굳어지기 전에 약간 말랑말랑한 상태의 뿔을 녹용(鹿茸)이라 하는데 아주 옛날부터 우리나라와 중국, 일본 등 동아시아에서 고급 약재로 썼어. 꽃사슴은 고기와 가죽, 거기에 값비싼 녹용까지 얻을 수 있어서 예부터 사람들이 즐겨 사냥했지.

꽃사슴이 사라진 또 다른 이유가 있어. 조선 시대 기록을 보면, 1627년 무렵 청나라의 침입을 겪은 뒤로 우리나라에서 소나 말과 같은 가축 사이에 우역(牛疫)이라는 치명적인 전염병이 주기적으로 발생했어. 거의 모든 소와 말을 전멸시킬 정도로 무서운 전염병이었는데, 아마 청나라 군대가 데리고 온 소나 말 같은 가축을 통해서 발굽 동물에게만 퍼지는 전염병이 들어온 걸로 추측하고 있어.

그런데 전염병은 가축만 피해를 준 게 아니라 꽃사슴에게도 큰 피해를 준 것 같아. 같은 사슴과의 발굽 동물인 고라니와 노루는 지금까지 흔하게 볼 수 있는데, 유독 꽃사슴만 사라진 이유는 꽃사슴이 무리를 지어 살아가는 습성 때문인 것으로 보여. 전염병이 돌면 무리 전체에 퍼지게 되는 거지. 사람도 전염병을 두려워하는 까닭은 모여 살기 때문이야.

반면 노루와 고라니는 짝짓기철에 암수가 만나는 것 외에는 무리를 짓지 않기 때문에 접촉으로 전염병에 감염될 확률이 낮았던 거야.

● 고립된 산양을 구해라

산양은 워낙 험한 곳에 살다 보니 다른 발굽 동물보다는 쉽게 사냥할 수 없었어. 하지만 사는 곳이 한정되다 보니 애초부터 개체 수가 많지 않았고, 또 앞서 얘기한 사례에서 알 수 있듯이 예상치 못한 폭설이 내리면 많은 수가 한꺼번에 굶어 죽기도 했어.

꽃사슴은 남한에서 멸종했고 사향노루는 몇 마리가 생존하는지 가늠할 수 없을 정도로 희귀하지만, 그럼에도 산양은 현재 700~800마리가 사는 것으로 알려져 있어. 꽃사슴이나 사향노루보다는 형편이 낫다고 할 수 있지.

현재 환경부에서는 2007년부터 산양 복원 사업을 하고 있어. 우리나라의 다른 멸종 위기 동물보다 수가 많은데도 복원 사업을 하는 이유가 있어. 산양은 험준한 산지에 사니까, 서식지들이 전부 고립되어 있어. 그러다 보니 형제나 가까운 친척끼리 짝짓기를 하게 되어 유전적인 다양성이 낮아져서 문제가 되는 거지. 유전적인 다양성이 낮으면 전염병에 취약해지고 급격한 환경 변화에 잘 적응하지 못해. 또 시간이 지나면서 유전적인 다양성이 높을 때는 거의 나타나지 않는 특이한 유전병들이 발생하면서 결국 서서히 멸

[덤] 영원히 사라질 뻔한 전설의 동물, 사불상

중국에는 사불상(四不像, *Elaphurus davidianus*)이라는 사슴이 살고 있었어. 사불상이라는 이름은 몸은 당나귀, 얼굴은 말, 발굽은 소, 뿔은 사슴을 닮았지만 전체적으로는 아무것도 닮지 않았다는 뜻에서 붙은 이름이야. 고대 중국에서는 아주 흔했는데, 사람들이 너무 많이 잡는 바람에 19세기에 이르러서는 청나라 황실 소유의 정원에만 적은 수가 살아남았어. 그러다 1939년에 마지막 야생 개체가 총에 맞아 죽으면서 중국에서 멸종했어.

그럼 이제 사불상을 다시 볼 수 없을까? 아니야. 19세기 후반에 중국에 머물던 유럽인들이 황실 정원에서 기르던 사불상을 몰래 빼돌려서 유럽으로 가져가서 유럽의 동물원에서 사육했어. 1985년부터 중국 정부가 유럽에서 사불상을 들여와서 야생에 복원하기 시작했는데, 지금은 2000마리 이상으로 늘어났어.

그런데 문제는 사불상이 동물원에서 사람의 보호를 받으며 너무 오래 살아서인지 자기를 해치려는 맹수나 사람들을 무서워하지 않는다는 거야. 사불상도 계속 야생에서 살아가다 보면 위험한 동물들을 피해야 한다는 걸 언젠가 깨닫게 되겠지. 특히 사람을 가장 조심해야 한다는 것을.

1866년 프랑스 국립자연사박물관에서 발행한 소장품 자료집에 삽화로 등장하는 **사불상**

종하게 되는 거지. 최근에는 사람들이 산속 깊은 데까지 들어가서 살고, 도로가 거미줄처럼 산악 지역의 주변에도 퍼져 있으니까 산양은 더욱 고립될 수밖에 없어.

현재 산양 복원 사업은 다른 곳에 사는 개체를 방사해서 그 지역에 사는 산양의 유전적인 다양성을 높이는 방식으로 진행되고 있어. 다른 개체들과 짝짓기하면서 집단 전체의 다양성이 높아지는 거지.

💬 케이블카와 산양

환경 문제에 관심이 있는 친구라면, 설악산에 케이블카를 설치하는 문제를 놓고 찬반으로 나뉘어 한창 시끄러웠다는 걸 잘 알 거야. 설악산은 우리나라에서 산양이 가장 많이 사는 곳 중에 하나야. 등산객들이 아주 많이 찾는 산인데도 산양이 산다는 게 신기하지 않니? 산양은 사람들이 다닐 수 없는 험한 곳에 살기 때문에 그동안 등산객들의 방해를 받지 않았던 거야.

그런데 개발을 통해 이익을 얻으려는 사람들이 설악산에 케이블카를 놓는다고 해. 더 많은 관광객들이 설악산을 찾을 테고, 그러면 돈도 더 많이 벌 수 있을 거라고 주장했지. 문제는 케이블카를 설치하려는 구간이 사람들이 접근하지 못하던, 다시 말해 산양이 살던 곳이라는 점이야.

설악산은 산 전체가 국립공원이고, 1965년에 천연기념물 제171호로 지정되었어. 희귀한 동식물이 많아서 1982년에는 유네스코(UNESCO) 생물권 보존 지역으로도 지정되어 법으로 엄격하게 보호하고 있는 곳인데 거기에 케이블카를 설치한다고 한 거지.

생각해 봐! 국립공원이고 천연기념물이며 생태적으로 보존할 가치가 높다고 세계가 인정한 설악산에 케이블카를 버젓이 설치할 수 있다면, 그렇지 않은 다른 곳에 케이블카나 이와 비슷한 인공 구조물을 설치하는 걸 어떻게 막을 수 있겠니! 설악산에 케이블카가 설치된다면 힘과 돈만 있다면 법도 무시하고 어떤 곳이든 개발할 수 있다는 나쁜 선례를 남기게 되는 거야.

설악산 케이블카 설치를 가장 적극적으로 추진했던 게 바로 정부였는데, 최근에 야생 동물 서식지와 환경 등에 악영향을 줄 우려

설악산 산양 지킴이로 활동하며 케이블카 설치 반대 운동을 펼쳐 온 박그림 선생님(가운데)과 어린이들

가 크다는 점에서 설악산 케이블카 설치 계획은 무산되었어. 수십 년 동안 반대 운동을 펼친 시민단체의 힘도 보태졌기 때문에 가능했지. 하지만 자연을 돈벌이로만 생각하는 사람들이 여전히 우리 사회에서 힘을 발휘하고 있는 한 언제든 어디서든 다시 시도될 수 있어.

설악산에 케이블카가 설치된다면 매표소에서 표를 사서 케이블카를 타면 딱딱한 구두나 뾰족한 하이힐을 신고 땀 한 방울 흘리지 않고도 설악산 정상에 오를 수 있겠지. 그렇게 된다면 등산객은 사라지고 관광객이 산을 차지할 거야. 그런 곳에서 산양이 살 수 있을까? 늘 그랬듯이 사람의 이익만을 추구할수록 자연은 훼손될 수밖에 없어.

기본정보

꽃사슴(사슴, 대륙사슴) Sika deer
- 학명 : *Cervus nippon*
- 분류 : 척삭동물문 > 포유강 > 우제목 > 사슴과
- 지위 : 멸종 위기 야생 생물 I급, 한국 적색 목록 지역 절멸(RE), IUCN 적색 목록 관심 대상(LC)

산양 Long-tailed goral, Amur goral
- 학명 : *Naemorhedus caudatus*
- 분류 : 척삭동물문 > 포유강 > 우제목(소목) > 소과(솟과)
- 지위 : 멸종 위기 야생 생물 I급, 천연기념물 제217호, 한국 적색 목록 취약(VU), IUCN 적색 목록 취약(VU)

뭍에서는 굼뜨고 물에서 재빠른
물범과 물개

만화나 캐릭터 상품으로도 자주 만날 수 있어서 물범과 물개는 아주 친숙한 동물일 거야. 하지만 물범과 물개의 차이를 아는 사람은 별로 없는 것 같아. 둘 다 지느러미 모양의 다리를 가졌다는 뜻의 기각류(鰭脚類, pinnipeds)에 속한 바다 동물이고, 통통하고 매끈한 유선형의 몸매도 그렇고 생김새가 아주 비슷하잖아. 그래서 생물에 관심 있는 사람들조차 물범과 물개의 차이를 잘 모르더라고.

● 물범과 물개를 어떻게 구별해?

　기각류는 크게 물범과, 물개(바다사자)과, 바다코끼리과(바다코끼릿과) 세 무리로 나뉘는데, 세계적으로 물범은 18종, 물개는 14종, 바다코끼리는 1종이 있어. 물범과 물개를 쉽게 구분하려면 귀를 보면 돼. 물범 무리의 가장 큰 특징은 귀에 귓바퀴가 없다는 거지. 그래서 겉으로 보면 마치 귀가 없는 것처럼 보여. 반면에 물개 무리는 작지만 그래도 귓바퀴가 있어. 바다코끼리는 물범처럼 귓바퀴가 없는데, 코끼리라는 이름에서 알 수 있듯이 상아처럼 큰 엄니가 있어서 이빨을 보면 금세 구별할 수 있어.

점박이물범은 이름처럼 불규칙한 반점 무늬가 몸에 퍼져 있는 것이 특징이야. 수컷은 몸길이가 최대 1.7미터, 암컷은 최대 1.6미터이고 몸무게는 암수가 82~130킬로그램에 이르지만 물범 종류 중에서는 가장 작은 종류란다.

흔히 **물개**라고 불리는 북방물개는 어른 수컷의 목 주변에 수사자처럼 갈기가 있어서 '바다사자'라고도 불러. 암수의 몸 크기 차이가 커서 수컷은 몸길이가 2.5미터에 몸무게가 180~270킬로그램에 이르지만, 암컷은 1.3미터에 43~50킬로그램쯤 되지.

　　기각류 동물들이 귓바퀴가 없거나 작은 이유는 아무래도 몸에 튀어 나와 있는 부분이 많으면 물속에서 저항이 커져서 헤엄을 잘 치기 어려워서야. 다리가 지느러미 모양으로 바뀐 것과 마찬가지로 오랜 세월에 걸쳐 물속에서 생활하기 좋게 적응한 결과라고 할 수 있지. 그래서 기각류는 '지느러미발(기각)' 때문에 땅에서는 굼뜨고 뒤뚱뒤뚱 움직이지만 물속에서는 재빠른 물고기를 잡아먹고 살 만큼 민첩하게 헤엄칠 수 있단다.

아, 그리고 빠뜨린 게 있는데, 땅위에서 움직일 때 물범은 뒷다리가 뒤쪽으로 쭉 뻗어 있어서 배를 바닥에 댄 채로 밀면서 움직이고, 물개는 뒷다리를 세워서 걸을 수 있지. 그래서 땅위에서는 물범이 물개보다 굼떠 보이는 거야.

우리나라의 물범과 물개

물범이나 물개는 북극 근처의 차가운 바다에 사는 줄로만 알기 쉬운데, 사실 차가운 곳에서 따뜻한 열대 바다까지 널리 퍼져서 살고 있어. 심지어 러시아 바이칼 호수 같은 민물에 사는 종류도 있어.

우리나라에서 볼 수 있는 기각류는 3종류야. 물범 중에서는 온몸에 검은 점무늬가 있어서 점박이물범이라고 불리는 물범(*Phoca largha*)이 있고, 물개 종류로는 북방물개라고 불리는 물개(*Callorhinus ursinus*)와 큰바다사자(*Eumetopias jubatus*)가 있지.

점박이물범은 중국 발해만에서 오호츠크 해와 베링 해에 이르는 북태평양과 북극해에 널리 분포하는데, 주로 사는 곳은 오호츠크 해와 베링 해야. 두 곳을 합쳐서 약 33~55만 마리가 살고 있지.

우리나라에서 점박이물범을 꾸준하게 볼 수 있는 곳은 서해 백령도 주변이고, 다른 곳에서는 드문드문 관찰되고 있어. 백령도의 물범들은 마치 철새들처럼 계절에 따라 이동하는데, 겨울에는 북쪽으로 이동해서 중국 요동 반도 연안에 모여서 짝짓기를 하고 바

물범이 모여 있는 백령도
백령도의 물범바위 주변은 먹이가 풍부해서 점박이물범들이
여름을 나기 위해 모여드는 곳으로 유명해.

다 위에 떠다니는 얼음 위에서 새끼를 낳아 기른단다. 갓 나온 새끼는 털이 새하얀데, 흰 눈이 쌓인 얼음 위에서 있으면 눈에 띄지 않아서 보호색 역할을 하지.

얼음이 녹는 봄이 되면 점박이물범 중에서 일부가 다시 백령도까지 내려오는 거야. 그런데 최근에 겨울에도 백령도에 남아 있는 물범들이 보이는데, 왜 남아 있는지는 아직까지 알려져 있지 않아.

물개는 북방물개라고도 불리는 것에서 알 수 있듯이 오호츠크 해와 베링 해 등 북부 태평양에 주로 분포해. 큰바다사자는 물개랑 사는 곳이 거의 겹치지만, 좀 더 멀리 분포해서 미국 캘리포니아 연안까지 살고 있단다. 물범과 달리 물개와 큰바다사자는 우리나라에서 꾸준히 볼 수 있는 곳이 없어. 물개는 가끔 동해안이나 드물게 남해안에서도 관찰되는데, 큰바다사자는 더 귀해서 울릉도나 독도 부근에서만 드물게 보여.

세계의 기각류는 대부분 멸종 위기

물범이나 물개뿐만이 아니고, 바다코끼리와 같은 대부분의 기각류 동물은 세계적으로 멸종 위기에 놓여 있어. 오늘날 기각류 동물들이 감소하는 가장 큰 이유는 연안 개발이나 항만 개발 등으로 서식지가 계속 좁아지고, 환경 변화와 물고기 남획으로 주요 먹잇감인 물고기가 줄었기 때문이야. 그리고 종종 어업용 그물에 걸려 죽기도 한단다.

또 점박이물범처럼 겨울철에 차가운 바다에 떠 있는 얼음 위에서 새끼를 낳아 기르는 종류는 온난화 때문에 얼음이 얼지 않거나 빨리 녹는 곳이 많아지면서 서식지가 줄고 있어서 문제야.

점박이물범의 경우 서해에 사는 무리는 러시아나 알래스카 연안에 사는 무리들보다 상태가 심각해. 서해의 점박이물범은 1940년대만 해도 8000마리 정도가 있었는데, 수가 계속 줄어서 1980년대에 2300마리, 지금은 500~600마리만 남은 것으로 알려져 있어. 그 중에서 300마리 정도가 여름에 우리나라 백령도 주변에서 관찰되고 있어.

[덤] 일제가 멸종시킨 물개, 독도강치

우리나라 동해에는 독도강치(*Zalophus japonicus*)라고 불리던 물개 종류가 하나 더 살고 있었어. 독도강치는 동해와 일본 연안에 살았는데, 일본 사람들이 19세기 말부터 가죽과 기름을 얻기 위해서 마구잡이로 잡는 바람에 1930년대 이르러서는 거의 사라지고 말았어. 1950년대에 사실상 멸종했고, 1974년 일본 홋카이도 북부에서 마지막으로 잡힌 뒤로는 더 이상 발견되지 않고 있어.

독도는 한때 4만 마리에 이르는 독도강치가 살던 곳이었어. 하지만 100여 년 전 우리나라가 힘이 없을 때 일본이 독도 주변에 있는 독도강치들을 모조리 잡았지. 당시 얼마나 많은 수를 잡았으면 울릉도까지 독도강치의 시뻘건 핏물이 흘러왔고 비릿한 피 냄새가 진동했다고 전해져. 아저씨는 독도강치의 멸종이 나라를 빼앗긴 우리나라의 슬픈 역사의 일부인 것 같아서 너무 가슴이 아프단다. 앞으로 더 이상 인간의 욕심 때문에 이런 야만적인 일들이 벌어지지 않았으면 해.

100여 년 전 독도에서 독도강치를 잡고 있는 일본인 어부들

중국을 비롯한 동아시아 지역에서는 전통적으로 물범이나 물개의 수컷 생식기를 올눌제(膃肭臍)라고 부르면서 귀한 약재로 썼는데, 그 때문에 옛날부터 많이 사냥되었지. 물범 사냥이 금지된 지금도 중국에서는 약재나 가죽을 얻기 위해 밀렵이 끊이지 않고 있어.

지금처럼 대부분의 기각류들이 세계적으로 멸종 위기에 몰린

결정적인 이유는 기각류의 털가죽을 얻기 위해서 18세기부터 20세기 초까지 마구잡이로 잡았기 때문이야. 결국 이미 멸종했거나 멸종에 이를 정도로 수가 줄어든 1911년에 미국, 영국, 러시아, 일본 등 당시 북극 주변의 바다에서 물범과 물개를 가장 많이 잡던 네 나라의 대표들이 모여서 기각류 사냥을 중단하기로 약속했어. 그 덕분에 기각류의 멸종을 일단 막을 수 있게 되었지만, 앞에서 얘기했듯이 여전히 기각류 동물들의 생존을 위협하는 원인들이 많아서 우리가 관심을 갖고 지켜봐야 해.

[덤] 인간의 탐욕이 빚은 재앙, 스텔러바다소와 해달 이야기

1741년 덴마크 출신의 탐험가인 비투스 베링(Vitus J. Bering)이 이끄는 러시아 탐험대가 알래스카 연안을 조사하다가 폭풍우를 만나 배가 어느 해안에 그만 좌초하고 말았어. 선장인 베링은 병에 걸려 죽고 말았고, 남은 선원들은 임시 피난처를 만들고 주변의 바다 동물을 잡아먹으며 혹독한 겨울을 버텨야 했어. 생존자 중에 독일 생물학자였던 게오르그 스텔러(Georg W. Steller)라는 사람이 있었지.

생존자들이 잡아먹은 생물 중에는 유럽에 알려지지 않은 것들이 있었는데, 스텔러는 이들 동물들에 관한 기록을 남겼어. 훗날 스텔러의 이름을 딴 스텔러바다소(Steller's sea cow, *Hydrodamalis gigas*)와 해달(*Enhydra lutris*)이 바로 그런 동물이었어.

추운 겨울을 버티고 살아남은 선원들은 이듬해 봄에 부서진 배를 고쳐서 탈

출하는 데 성공하면서 서양에 두 동물이 알려지게 되었지. 이후 두 동물의 질 좋은 모피를 얻으려고 사람들은 알래스카로 몰려들기 시작했어. 사람을 두려워하지 않고 행동도 느렸던 스텔러바다소는 처음 발견된 해로부터 불과 27년 만에 결국 멸종되었고, 해달 역시 국제적으로 사냥이 금지될 무렵에는 겨우 2000마리 정도만 살아남았어.

사실 스텔러바다소는 스텔러가 발견한 당시에도 이미 극소수만 남아 있었던 것 같아. 왜냐하면 고고학자들이 선사 시대 유적들을 조사하다 보니 스텔러바다소의 뼈가 미국 캘리포니아 연안과 일본 북부에서도 발견되었거든. 다시 말해서 스텔러바다소는 손쉬운 사냥감이었던 탓에 수천 년에 걸쳐 사람들에게 희생되었고, 18세기에는 사람의 손길이 닿지 않았던 알래스카 지역에서만 살아남아 있었던 거야. 스텔러바다소는 너무 빨리 멸종하는 바람에 현재 유럽의 몇몇 박물관에 골격 표본 몇 개만 남아 있을 뿐이고, 실제 모습이 어떠했는지조차 정확히 알려져 있지 않아.

해달을 그대로 두면 멸종될 것 같아서 1911년에 미국, 영국, 러시아, 일본 등이 일명 '물개 조약(Fur Seal Treaty)'이라 불리는 국제조약을 체결함으로써 물개

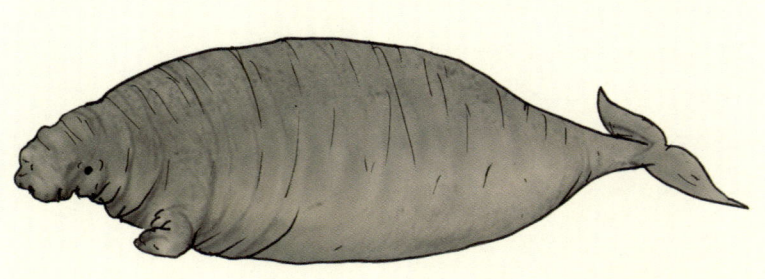

스텔러바다소 상상도
스텔러바다소도 바닷속에서는 아주 민첩하게 헤엄을 치는 동물이었을 거야.

를 비롯한 기각류 동물들과 해달을 보호하기 시작했지. 이 조약은 생물을 보호하기 위해 국제적으로 맺은 첫 조약이야. 서양인들에게 발견되고 170년 간 100만 마리 넘게 희생된 해달과 그보다 더 많은 수가 희생된 물개는 역사상 처음으로 여러 나라가 관심을 갖고 함께 보호하는 동물이 되었단다.

물범(점박이물범) Spotted seal, Largha seal
학명 : *Phoca largha*
분류 : 척삭동물문 > 포유강 > 식육목 > 기각아목 > 물범과
지위 : 멸종 위기 야생 생물 Ⅱ급, 천연기념물 제331호, 한국 적색 목록 위기(EN), IUCN 적색 목록 관심 대상(LC)

물개(북방물개) Northern fur seal
학명 : *Callorhinus ursinus*
분류 : 척삭동물문 > 포유강 > 식육목 > 기각아목 > 물개과(물갯과, 바다사자과)
지위 : 멸종 위기 야생 생물 Ⅱ급, 한국 적색 목록 취약(VU), IUCN 적색 목록 취약(VU)

하늘의 최강자 맹금류가 사라진다
수리부엉이와 독수리

사자나 호랑이처럼 다른 동물들을 잡아서 먹이로 삼는 사납고 힘센 짐승들을 맹수(猛獸)라고 부르지? 맹수가 땅 위에서 최강자라면, 하늘을 지배하는 동물은 바로 맹금(猛禽)이야. '사나운 새'라는 뜻의 맹금은 다른 새나 동물들을 잡아먹고 사는 새들을 말하는데, 강한 부리와 발톱, 뛰어난 시력을 지닌 것이 특징이란다. 매, 수리, 올빼미 그리고 아메리카 대륙에 사는 콘도르가 바로 맹금류지.

　맹금류에 속한 많은 새들은 멸종 위기야. 우리나라만 그런 것이 아니라 세계적으로 그래. 이상하지? 새들 중에서도 가장 강하고 무서울 게 없는 무리인데도 멸종 위기라니 말이야. 지금부터 우리나라에 사는 맹금류 중에서 수리부엉이와 독수리를 만나볼 거야.

어둠 속의 사냥꾼, 수리부엉이

맹금류는 대부분 낮에 활동하는데, 재밌게도 올빼미 무리만은 밤에 활동해. 밤에 활동하는 걸 조금 어려운 말로 야행성(夜行性), 낮에 활동하는 걸 주행성(晝行性)이라고 한단다. 올빼미들은 눈이 엄청 커서 어두운 곳에서도 잘 볼 수 있어. 그리고 깃털에 솜털이 많아서 날아갈 때 소리가 거의 나지 않아. 그래서 밤에 나무 위에 앉아서 쥐나 뱀, 토끼 같은 먹잇감을 내려다보고 있다가 소리 없이 날아가 덮칠 수 있어. 사냥 능력이 무척 뛰어나.

수리부엉이는 크기가 무려 60~70센티미터에 이르는데, 우리나라에 사는 올빼미 중에서 가장 커. 텃새로 전국 내륙의 산림 지역에 사는데, 유라시아 대륙과 아프리카 북부에도 살아.

수리부엉이는 귀깃이라 부르는 깃털이 머리 양쪽에 쫑긋 솟아 있는데, 흔히 이런 귀깃이 있는 올빼미 종류를 '부엉이'라고 불러. 귀깃이 없는 나머지를 올빼미라고 하고. 그런데 이게 과학적으로 구분해서 붙인 이름이 아니라서 예외도 있어. 솔부엉이는 부엉이라는 이름이 붙지만 귀깃이 없거든. 아! 그리고 소쩍새도 부엉이처럼 귀깃이 있어. 좀 헷갈리면 다음 그림을 봐.

올빼미 친구들을 소개합니다!

짜잔~!

귀깃

수리부엉이는 우리나라에서 가장 큰 올빼미야. 눈동자를 둘러싸고 있는 홍채 부분이 노랗고, 귀깃이 쫑긋 솟아 있지.

솔부엉이는 부엉이라는 이름이 붙지만 귀깃이 없어.

소쩍 소쩍 우는 **소쩍새**는 올빼미 무리 중에서 비교적 흔한 여름 철새야. 귀깃이 있어. 멸종 위기종으로 지정되지는 않았지만 천연기념물 제324-6호로 보호받고 있어.

금눈쇠올빼미는 멸종 위기 I급이야. 눈의 홍채가 금빛이 나는데, 올빼미 종류 중에서도 수가 적어서 아주 귀하단다.

🗨 하늘의 제왕이 청소부라고?

맹금류라고 해서 전부 날렵하고 사냥을 잘하는 건 아니야. 맹금류 중에는 살아있는 것을 사냥하지 못하고 죽은 동물들만 먹는 종류도 있는데, 독수리가 대표적이지. 우리가 흔히 생각하는 독수리는 용맹한 사냥꾼인데, 생물학자들이 '독수리'라고 이름 붙인 새는 그렇지가 않아. 이름은 같지만 하나는 순우리말이고 하나는 한자가 섞인 말이지.

오래전부터 우리 조상들이 독수리라고 불렀던 새는 너희들이 생각하는 것처럼 사냥을 잘하는 매나 수리를 뜻하는 말이었고, 독수리라는 이름도 순우리말이야.

하지만 생물학자들이 말하는 독수리는 대머리라는 뜻의 한자인 '독(禿)' 자에 우리말 '수리'를 붙여 만든 이름의 새야. 지금부터 얘기할 새는 바로 머리가 벗겨진 이 녀석이야.

충청남도 서산시의 천수만에서 만난 독수리. 한때 천수만의 간척지는 우리나라 최대의 철새 도래지였지만, 지금은 각종 개발이 펼쳐지면서 찾아와 머무는 새들의 수가 크게 줄었어.

독수리는 머리에 깃털이 없어서 피부가 그대로 드러나 있어.
날 때는 날갯짓을 거의 하지 않고 큰 날개를 펴서 솟아오르는 바람에 몸을 맡기지.
마치 글라이더처럼 말이야. 덩치가 큰 맹금류들은 이처럼 기류를 이용해서 비행을 한단다.

    독수리는 수리부엉이와 마찬가지로 유라시아 대륙에 걸쳐서 널리 분포하는데, 우리나라에서는 겨울 철새로 볼 수 있어. 독수리는 모든 맹금류 중에서 가장 덩치가 커서, 몸길이가 1미터가 넘고 날개를 편 길이는 2.5~3미터에 이른단다. 몸이 너무 커서 굼뜨기 때문에 사냥을 잘 할 수가 없어. 그래서 사막이나 들판에 죽어 쓰러진 동물들의 사체를 먹고 살아.

독수리는 부리가 아주 크고 튼튼해서 단단한 뼈도 부수어 먹을 수 있고, 심지어 썩은 고기도 배탈이 나지 않고 소화시킬 수 있어. 또 사체에 머리를 밀어 넣고 먹을 때가 많기 때문에 머리에 털이 없는 것이 도움이 되지. 머리에 털이나 깃이 있으면 사체에서 흘러 나온 끈적끈적한 체액이나 피가 엉켜 붙어서 병균이나 해충이 생기기 쉽겠지. 콘도르 종류도 사체를 먹고 사는데, 역시 머리에 깃털이 없어.

만약 독수리 같은 동물들이 없다면 어떻게 될까? 동물들의 사체가 썩으면서 전염병이 퍼질 수도 있을 거야. 독수리는 생태계에서 청소부와 같은 역할을 하는 거지. 누군가는 해야 할 일이야.

🟢 수리부엉이와 독수리가 사라지는 까닭

수리부엉이와 독수리가 줄어드는 까닭은 뭘까? 수리부엉이의 경우는 사람들의 간섭이 없는 산속의 절벽이나 바위에 둥지를 만들어서 번식하는데, 산림 지역이 개발되면서 서식지가 자꾸 줄어드는 게 가장 큰 원인이야. 특히 사람들이 산이나 숲을 가로질러 도로를 만들고, 산속까지 들어와 집이나 건물을 지으면서 교통사고를 당하거나 건물의 유리창을 못 보고 부딪쳐서 다치거나 죽는 일이 많이 생기고 있어.

독수리가 줄어드는 가장 큰 이유는 먹이 부족 때문이야. 우리나라를 찾는 독수리는 몽골에서 오는데, 겨울이 되었다고 모두 고향을 떠나오는 건 아니야. 힘이 세고 건강한 독수리들은 한겨울에도 몽골에 남아 살아가는데, 그렇지 못한 녀석들은 경쟁에서 밀려서 먹이를 구하지 못해서 우리나라까지 날아오는 거야. 그래서 우리나라를 찾는 독수리들은 미숙한 어린 개체이거나 힘이 없고 나이가 많은 경우가 많아. 더욱이 어린 독수리는 경험이 많지 않아서 먼 여행이 무척 위험하지.

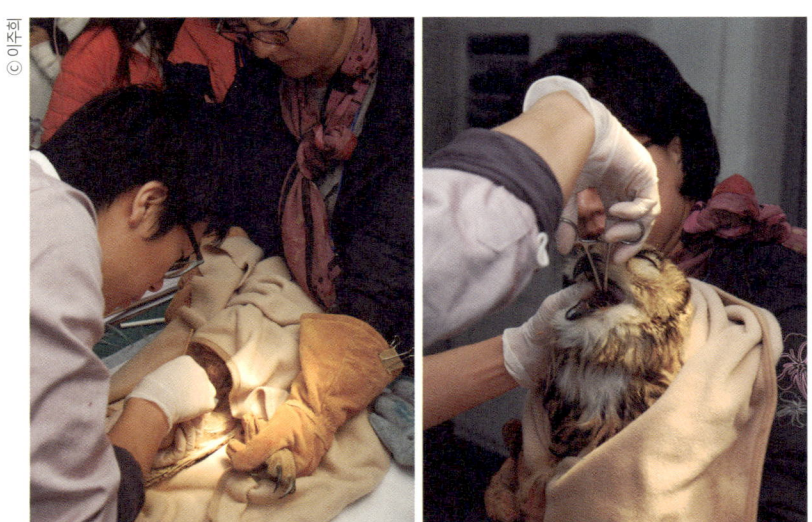

교통사고로 다쳐서 충청남도 야생 동물 구조 센터에서 치료를 받고 있는 수리부엉이.

옛날에는 야생 동물들이 많아서 독수리의 먹이가 될 다른 동물 사체도 많이 생겼는데, 요즘은 야생 동물 수가 크게 줄어서 먹을 게 줄었어. 또 유목 생활을 하던 몽골 사람들은 가축을 초원에 풀어놓고 길렀는데, 그런 곳에서는 병들어 죽거나 늑대 같은 맹수에게 잡아먹히고 남은 가축의 사체들이 많았어. 하지만 우리나라는 최근 가축을 사육장 같은 건물 안에서 기르고 가축이 병들어 죽더라도 야생에 사체를 버리는 일이 드물어졌지.

현재 강원도 철원과 경상남도 고성은 겨울철에 우리나라에서 독수리가 가장 많이 모이는 곳이야. 왜냐면 그곳에서 동물 보호 운동을 펼치는 분들이 독수리에게 먹이를 주는 일을 오랫동안 펼쳐 왔기 때문이야. 먹을 것이 있으니까, 겨울이면 철원과 고성으로 새들이 다시 찾아오는 거지.

교통사고도 큰 문제야. 하늘을 자유롭게 날아다니는 새가 교통사고를 당한다는 게 이상하게 들릴지도 모르겠는데, 사실 많은 새들이 자동차에 부딪쳐 죽거나 다쳐. 특히 밤에 교통사고를 많이 당하는데, 새들은 자동차의 불빛을 보면 당황해서 반대 방향으로 도망치려는 습성이 있기 때문이야. 결국 새들은 자동차가 나아가는 방향으로 도망치다가 뒤에서 오던 자동차에 부딪치고 말아.

💬 땅에 뿌리는 살충제가 새까지 잡네!

수리부엉이와 독수리 말고도 다른 맹금류들도 사라지고 있어. 1960~1970년대에 생물학자들은 맹금류가 세계적으로 빠르게 사라지고 있다는 걸 알게 되었어. 원인을 조사하다 보니까 맹금류들이 새끼를 잘 낳아 기르지 못한다는 점을 발견했어. 맹금류의 둥지에서 산란한 알을 보니 껍질이 얇아져서 쉽게 깨지기도 했고, 알이 제대로 부화하지 못하는 경우도 많았어. 계속된 연구 끝에 당시에 세계적으로 널리 사용되던 살충제 성분의 농약이 원인이라는 게 밝혀졌지.

DDT는 당시 세계적으로 가장 많이 사용된 살충제인데, 특히 농작물에 생기는 해충을 없애려고 농사에 많이 사용했어. 미국처럼 땅이 넓은 나라에서는 비행기로 드넓은 농경지에 살충제를 뿌리는 장면을 쉽게 볼 수 있었지.

처음에는 DDT가 안전한 줄 알았는데, 생물들의 몸속에 쌓여서 여러 가지 문제를 일으킨다는 사실이 나중에 밝혀졌지. 특히 농경지에 엄청나게 뿌려댄 DDT가 빗물에 씻겨 가서 강과 바다도 오염시켰잖아. 잘 분해되지 않는 물질이라서 오랫동안 없어지지 않고 먹이사슬을 통해서 맹금류의 몸속에도 쌓이게 된 거야. 결국 1980년대 초에는 거의 모든 나라에서 DDT 사용이 금지되었어. 사용이 금지된 이후로 맹금류 수가 조금씩 회복되고 있지만 안심하기엔 아직 일러. 아직도 땅과 물, 동물의 몸속에 남아 있어.

먹이사슬을 통해 DDT가 맹금류의 몸에 쌓이게 되는 과정

사람들의 생활은 하늘을 나는 새에게까지 영향을 끼쳐. 지구 위의 모든 생물은 먹이사슬 안에 있기 때문이지.

1차 소비자

2차 소비자

3차 소비자

● 총, 농약, 건물 때문에

맹금류를 위협하는 요인들은 사실 한두 가지가 아니야. DDT 사용이 가장 큰 영향을 미쳤지만, 사실 DDT가 사용되기 이전부터 맹금류는 줄어들고 있었어. 총이 보급되면서 맹금류가 빠르게 줄어들었는데, 특히 유럽에서는 19세기에 사냥을 취미로 삼는 사람들이 많아지면서 맹금류를 잡아서 박제하거나 알을 수집하는 사람들이 덩달아 늘었어. 그 때문에 영국에서는 1900대 초에 이미 많은 종류의 맹금류가 멸종 위기에 놓이게 되었지. 지금은 대부분의 나라에서 맹금류를 사냥하는 것을 금지하고 있어. 하지만 몰래 맹금류를 잡는 일이 끊이지 않고 있어.

밀렵은 우리나라에서도 큰 문제야. 맹금류뿐만 아니라 많은 야생 동물들이 밀렵 때문에 사라지고 있어. 철원에서는 이런 일도 있었어. 밀렵꾼들이 청둥오리 같은 야생 오리를 잡으려고 곡식에 독극물을 섞어서 들판에 뿌려두었는데, 오리들이 그걸 먹고 떼죽음을 당했어. 뒤이어 독수리들이 오리 사체를 먹으려고 몰려들었고, 결국 많은 독수리가 농약에 중독되어 죽거나 불구가 되고 말았어.

얼마 전에는 새를 전문으로 찍는 사진작가가 수리부엉이가 새끼를 낳아 기르는 장면을 찍으려고 둥지를 훼손하는 일이 있었어. 수리부엉이는 그 사진가 때문에 스트레스를 너무 많이 받아서 새끼를 모두 잃고 말았지.

맹금류가 요즘 새로운 역할을 맡고 있어. 다른 새들을 지키는 일이지. 밝은 낮에 유리창에 부딪쳐 죽는 새들이 무척 많거든. 유리에 비친 나무나 하늘을 실제 나무나 하늘로 생각해서 날아가려다가 부딪치는 거지. 그래서 유리에 새들이 충돌하는 걸 막으려고 맹금류 모양의 스티커를 붙이기도 한단다. 맹금류 모습을 보면 피하려는 새들의 습성을 이용한 거야.

독수리나 황새, 두루미처럼 덩치가 큰 새는 전깃줄에 걸려서 죽기도 해. 많은 새들이 사람과 사람이 만든 것들 때문에 죽어가고 있어. 새들이 살 수 없는 세상에서는 사람도 살 수 없어. 새는 환경

새가 유리창에 충돌하는 걸 막으려고 붙여 놓은 버드 세이버(bird saver)

변화에 민감한 동물이야. 새들이 사라지는 건 그만큼 우리 주변의 환경이 많이 변하고 있다는 걸 나타내. 새들이 잘 살 수 있는 환경이 곧 사람도 건강하게 살 수 있는 환경이라는 걸 안다면, 우리가 해야 할 일들이 분명해지겠지.

수리부엉이 Eurasian eagle-owl
학명 : *Bubo bubo*
분류 : 척삭동물문 > 조강 > 올빼미목 > 올빼미과(올빼밋과)
지위 : 멸종 위기 야생 생물 Ⅱ급, 천연기념물 제324-2호, 한국 적색 목록 취약(VU), IUCN 적색 목록 관심 대상(LC)

독수리 Cinereous vulture
학명 : *Aegypius monachus*
분류 : 척삭동물문 > 조강 > 매목 > 수리과(수릿과)
지위 : 멸종 위기 야생 생물 Ⅱ급, 천연기념물 제243-1호, 한국 적색 목록 취약(VU), IUCN 적색 목록 준위협(NT)

동요 속의 주인공으로만 남게 될까
따오기와 뜸부기

따오기와 뜸부기. 한 번쯤은 들어본 이름이지? 우리나라 사람이라면 다 아는 동요 때문에 유명한 새야.

> 보일 듯이 보일 듯이 보이지 않는
> 따옥 따옥 따옥 소리 처량한 소리 _ '따오기'

> 뜸북 뜸북 뜸북새 논에서 울고
> 뻐꾹 뻐꾹 뻐꾹새 숲에서 울 제
> 우리 오빠 말 타고 서울 가시면
> 비단 구두 사 가지고 오신다더니 _ '오빠 생각'

두 곡 모두 일제 강점기 때 만들어졌어. '따오기'는 한정동 선생님이 가사를 쓰고 '반달'이라는 노래로 유명한 윤극영 선생님이 곡을 붙인 거야. '오빠 생각'은 최순애라는 분이 어릴 때 발표한 동시에 작곡가 박태준 선생님이 곡을 붙였어. 열두 살 어린이가 쓴 동시로 만든 노래지.

따오기는 마스크를 쓴 것처럼 얼굴에 붉은 피부가 드러나 있고, 머리 뒤에 긴 깃이 댕기처럼 달려 있는 것이 특징이야. 짝짓기철이 되면 따오기는 머리와 등과 날개 윗부분이 짙은 회색을 띠어. 깃털 색깔 자체가 변하는 건 아니고, 번식기가 되면 분비샘에서 검은 기름 성분이 나오는데, 그걸 부리에 묻혀서 날개에 문질러 바르기 때문에 색깔이 변한 것처럼 보이는 거야. 이성에게 잘 보이려고 짙게 화장을 하는 건지, 아니면 새끼를 길러야 하니까 좀 더 눈에 안 띄려고 하는 건지는 정확히 밝혀지지 않았어.

요즘 어린이들은 텔레비전에 나오는 아이돌 가수가 부르는 어른 노래를 더 좋아하는 것 같아. 하지만 부를 노래가 많지 않았던 예전에는 어른들도 아이들의 동요를 즐겨 불렀어. 특히 '따오기'와 '오빠 생각'은 일제 강점기의 힘든 시기를 보내던 우리 민족에게 큰 위로가 되었지. 지금까지도 사랑받고 있어.

온 국민이 즐겨 부르던 노래인만큼 이 노래에 등장하는 따오기와 뜸부기도 주변에서 흔히 볼 수 있던 새였어. 그런데 지금은 따오기를 전혀 볼 수 없고, 뜸부기는 아주 드물게 보여. 그래서일까? 정작 동요는 따라 불러도 노래 속의 따오기와 뜸부기가 어떻게 생겼는지 모르는 사람이 많아.

수많은 새들과 야생 동물들의 보금자리인 우포늪
늪이나 강과 같은 새들의 서식지가 지켜져야 새들도 멸종하지 않아.

🗨 갑자기 사라진 따오기와 뜸부기

따오기와 뜸부기는 둘 다 물새라서 강이나 호수, 늪에서 볼 수 있었고, 특히 쌀농사를 많이 짓던 우리나라에서는 논에서도 자주 보이는 친숙한 새였어.

따오기는 중국, 러시아, 일본 등 동아시아에 널리 분포했었어. 우리나라에서는 겨울 철새로 주로 볼 수 있었는데, 옛날에 우리나라를 찾은 외국인들이 남긴 기록을 보면 1900년대 초반까지만 해도 어디서든 흔히 볼 수 있었다고 해. 얼마나 흔했냐면 1911년에 전라북도 어느 저수지 옆 소나무숲에 수천 마리씩 떼지어 있는 모습이 관찰된 적도 있어. 그랬던 따오기가 어느 날 모두 사라졌어. 우리나라뿐만 아니라 일본에서도 말이야.

따오기는 1960~1970년대에 판문점에서 몇 마리씩 가끔 관찰되었는데, 1979년에 마지막으로 1마리가 관찰된 이후로는 우리나라에서 사라졌어. 일본에서도 따오기는 흔한 텃새였는데, 1920년대에 거의 사라졌고 겨우 수십 마리만 1970년대까지 살아남았어. 1980년대 초반에 일본은 야생에 마지막으로 남은 따오기 다섯 마리를 잡아 동물원에서 키우면서 인공적으로 번식을 시키려고 했지만, 모두 실패로 끝나고 말았지. 결국 일본의 마지막 따오기는 2003년에 동물원에서 죽었어.

뜸부기 역시 따오기와 비슷한 시기에 사라졌어. 다행인 건 뜸부기는 따오기보다는 멸종 위협이 심각하지 않아. 드물지만 지금도 우리나라 서해안의 논에서 가끔 관찰되고 있어. 뜸부기는 중국과 동남아시아, 남아시아 지역에도 살면서 우리나라에는 여름에 찾아와서 새끼를 낳아 기른 뒤에 가을에 남쪽으로 날아가는 여름 철새야. 뜸부기가 아직 여러 곳에서 살아가고 있어서 다행이야.

검은 여름 깃으로 바뀐 **뜸부기** 수컷은 이마판이 붉게 부풀어 올라서 마치 볏이 달린 수탉처럼 생겼어.

충청남도 서산의 천수만 간척지에 있는 논 옆에서 눈에 띈 뜸부기

● 흔하던 새들은 왜 사라졌을까?

그렇게 많던 따오기와 뜸부기가 왜 그렇게 빨리 사라졌는지 이유가 궁금하지 않니? 여러 나라에서 따오기와 뜸부기는 비슷한 시기에 사라졌는데, 첫 번째 원인은 사람들이 너무 많이 잡았기 때문이야. 물가에 살다 보니 눈에도 잘 띄고 몸집도 크니까 총으로 쉽게 사냥할 수 있었어. 또 물가의 둥지에서 알도 쉽게 꺼내어 먹을 수 있었지.

또 다른 원인은 환경 오염 때문이야. 능약이나 화학 비료를 많이 사용하다 보니 따오기와 뜸부기의 먹이가 되는 물속 생물들이 줄어들었어. 또 수달이나 맹금류가 줄어든 이유와 마찬가지로 농약으로 널리 쓰인 DDT 같은 독성이 강한 화학 물질이 먹이를 통해서 따오기와 뜸부기의 몸에 쌓여갔어. 그 때문에 무정란을 낳거나, 껍질이 얇은 알을 낳는 일이 벌어졌어. 무정란은 말 그대로 수컷의 정자와 제대로 수정이 안 된 거라서 새끼로 자랄 수 없고, 수정란을 낳더라도 껍질이 얇으면 작은 충격에도 깨지기 쉬워서 번식에 실패할 확률이 높아. 이처럼 새끼를 제대로 낳아서 기를 수 없게 되니까 그나마 사람의 손길을 피해서 살아남은 따오기와 뜸부기조차 점차 줄어들게 된 거야.

물가의 둥지에 알을 낳는 뜸부기

게다가 살 곳이 많이 줄어들었어. 예전과 달리 따오기와 뜸부기가 살아가는 습지들이 각종 개발과 지구 온난화로 건조해지면서 많이 사라졌고, 인구가 많아지니까 사람들의 간섭도 심해지고 말이야.

[덤] 너무 흔해서 멸종한 나그네비둘기

북아메리카 대륙에 가장 흔하던 새 중에 하나였던 나그네비둘기(Passenger Pigeon, *Ectopistes migratorius*)는 유럽인들이 북아메리카에 정착해서 살기 시작할 무렵에 30~50억 마리가 살았다고 해. 고기 맛이 좋고, 개체 수도 풍부해서 손쉽게 잡을 수 있으니까 사람들이 즐겨 먹는 새가 되었지. 너무 흔해서 아무도 관심을 쏟지 않는 사이에 나그네비둘기는 빠르게 사라졌어. 1906년에 마지막으로 한 마리가 잡힌 뒤로는 야생에서 더 이상 관찰되지 않았어. 어느 동물원에서 마지막으로 생존했던 마사(Martha)라는 이름의 나그네비둘기가 1914년에 죽으면서 나그네비둘기는 지구상에서 영원히 사라지고 말았지. 겨우 100년 전의 일이야.

나그네비둘기

따오기 구출 대작전!

적은 수라도 살아남아 있으니 뜸부기는 그나마 사정이 나은 편이지만, 따오기는 앞서 얘기했듯이 우리나라와 일본에서는 멸종했어. 그럼 이제 우리나라에서 따오기를 영영 볼 수 없을까? 다행히 중국에는 따오기가 살아남아 있어서 지금 따오기를 되살리려는 노력이 국제적으로 활발하게 벌어지고 있어.

중국에서도 1960년대에 따오기가 거의 사라졌는데, 그때부터 중국 정부에서 따오기를 찾기 위해 중국 대륙을 샅샅이 뒤졌어. 그러다가 1981년에 산시성[섬서성(陝西省)] 양현(洋縣)이라는 마을에서 야생 따오기 5마리가 기적처럼 발견된 거야. 그 무렵에 일본의 동물원에는 따오기가 겨우 4마리가 살아 있었는데, 새끼도 낳을 수 없는 상태였다고 해. 그러니까 중국에서 발견된 5마리가 따오기를 되살릴 수 있는 유일한 희망이 된 거야.

중국 정부는 따오기를 보호하기 위해서 따오기가 살던 양현 지역을 보호 구역으로 지정했어. 그리고 따오기에게 해가 될 만한 것들을 모두 없앴어. 따오기를 해칠 수 있는 개나 고양이 같은 반려 동물을 비롯해서 다른 가축들도 키울 수 없게 했어. 농약을 사용하지 못하게 했고, 따오기가 안심하고 둥지를 틀 수 있도록 마을의 나무도 못 베게 했지.

그러다 보니 당연히 그곳에 살던 농민들이 아주 불편했겠지. 그래서 나라에서 따오기가 집 근처에 둥지를 틀면 그 집 주인에게 보상금을 지급하고, 따오기가 새끼를 무사히 낳아 기르게 되면 또 보상금을 주었어. 그러자 농민들은 너도나도 앞장서서 따오기를 보호했고, 지금은 수백 마리가 넘게 되었어.

중국에서도 겨우 5마리를 가지고 복원을 했기 때문에 따오기의 유전적인 다양성이 아주 떨어져. 이게 무슨 말이냐면, 지금 지구상에 살아남은 따오기가 모두 가까운 형제자매 사이라는 거야. 다들 비슷한 유전자를 지니고 있다 보니 무서운 전염병 같은 것이 돌면 전멸하기 쉬워. 유전적인 다양성이 높으면 질병에 걸려 죽는 개체도 있지만 그 질병에 강한 유전자를 지닌 개체들은 살아남아 대를

창녕군에 있는 야생 동물 복원 센터의 따오기 한 쌍

이어갈 수 있거든. 다행인 건 중국에서 유전적인 다양성을 높이려고 많은 노력을 기울여서 2006년에 중국의 따오기는 동물원과 보호 센터 등에 500마리, 야생에 500마리 등 1000마리까지 늘어나게 되었어.

우리나라에서도 경남 창녕의 우포늪 옆에 따오기 복원 센터를 만들고 2008년에 중국에서 양저우(洋州)와 룽팅(龍亭)이란 이름의 따오기 한 쌍을 기증받아서 복원 사업을 시작했어. 지금은 100마리 가까이 수가 늘었어. 일본에서도 우리보다 빠른 1999년에 중국에서 따오기를 들여와서 번식에 성공했어. 지금은 120여 마리까지 수가 늘었는데, 그중에서 일부는 야생에 적응해서 새끼까지 낳았다고 해. 이제 따오기는 한·중·일 세 나라의 우정을 나타내는 새일 뿐만 아니라, 거의 멸종할 뻔한 생물을 살려낸 사례가 되었다고 볼 수 있지.

DDT 같은 화학 물질은 수십 년 전에 사용이 금지되었으니 다행이지만, 여전히 따오기와 뜸부기가 우리 곁에 다시 돌아오려면 많은 노력이 필요해. 무엇보다 따오기와 뜸부기가 건강히 살아갈 수 있는 환경을 만들고 앞으로도 잘 보전해야 해. 그렇지 않으면, 따오기를 야생에 돌려보내더라도 살아갈 수 없을 테고, 뜸부기의 수는 계속 줄어들 거야.

따오기와 뜸부기를 위해서 우리가 할 수 있는 일이 또 한 가지가 있어. 유기농 농산물을 많이 이용하는 거야. 그러면 농부들이 농약을 덜 쓰게 되겠지. 그게 자연을 위해서도 우리의 건강을 위해

[덤] 아동 문학계의 로미오와 줄리엣, 이원수 최순애 부부 이야기

'오빠 생각'은 일제 강점기인 1925년에 《어린이》라는 잡지에 열두 살 여자아이가 발표한 동시였는데 노래가사가 되었지. 당시 열다섯 살이던 어느 남학생이 잡지를 보고 동시가 좋아서 동시를 쓴 어린이에게 편지를 보냈어. 두 사람 사이에 편지가 오가면서 사랑이 싹텄고, 나중에 둘은 부부가 되었지. 남학생은 바로 '고향의 봄'으로 유명한 이원수(1911~1981년) 선생님이고, 여자아이는 최순애(1914~1998년) 선생님이야. 두 분은 평생을 어린이들을 위한 문학을 하면서 함께 사셨어.

그런데 이원수 선생님이 일제가 우리의 민족성을 말살하려는 정책을 한창 펼치던 1940년대에 일제를 찬양하는 시를 썼다는 사실이 최근에 밝혀졌어. 선생님이 돌아가시고 나서 그런 사실이 밝혀져서 배신감을 느낀 사람들도 많았지. 그러나 선생님을 오래도록 곁에서 지켜본 사람들은 선생님이 자신의 잘못을 인정하고 평생을 사죄하는 마음으로 사셨을 거라고 해. 왜냐면 훗날 선생님은 독재 정권이 저지르는 불의에 맞서는 모습들을 보여주셨거든.

사실 우리가 교과서를 통해서 알게 되는 유명한 문학가들 중에서 친일 행적이 문제되고 있는 사람이 적지 않아. 너희들이 알 만한 사람 중에는 동요 '반달'로 유명한 작곡가 윤극영(1903~1988년) 선생님도 친일 행적 때문에 논란이 끊이지 않고 있어.

만약 이원수 선생님이 자신의 잘못을 살아 있을 때 솔직하게 털어 놓았더라면 어땠을까? 나중에 잘못을 진심으로 뉘우치고 사죄하는 마음으로 사셨던 분들도 많았으니 말이야. 그랬다면 선생님에 대한 평가가 오히려 높아졌을지도 몰라. 경남 창원에 건립된 이원수 문학관에는 이원수 선생님의 업적과 함께 친일 행적에 관한 기록들도 전시하고 있어.

서도 도움이 되는 길이야. 따오기와 뜸부기가 노니는 들녘에서 할아버지, 할머니, 아버지, 어머니가 불렀던 그 노래를 우리 모두가 함께 부르는 날이 빨리 왔으면 좋겠다.

따오기 Crested ibis
- 학명 : *Nipponia nippon*
- 분류 : 척삭동물문 > 조강 > 황새목 > 저어새과
- 지위 : 멸종 위기 야생 생물 Ⅱ급, 천연기념물 제198호, 한국 적색 목록 지역 절멸(RE), IUCN 적색 목록 위기(EN)

뜸부기 Watercock
- 학명 : *Gallicrex cinerea*
- 분류 : 척삭동물문 > 조강 > 두루미목 > 뜸부기과(뜸부깃과)
- 지위 : 멸종 위기 야생 생물 Ⅱ급, 천연기념물 제446호, 한국 적색 목록 취약(VU), IUCN 적색 목록 관심 대상(LC)

사람이 사는 마을에서 살았던 파충류
구렁이와 남생이

요즘 파충류를 애완동물로 기르는 친구들이 많아졌어. 아저씨가 어릴 때만해도 기껏해야 붉은귀거북 정도였는데, 지금은 종류가 다양해져서 도마뱀, 카멜레온, 이구아나 심지어 뱀을 기르는 친구도 봤어. 이렇게 집에서 기르는 파충류는 거의 다 우리나라에 살지 않는 외래종이야. 애완용으로 가게에서 샀을 거야.

시장에서 거래되는 파충류들은 대부분 기후가 따뜻한 열대 지역에서 왔어. 그런데 이렇게 거래되는 파충류 가운데 적지 않은 종류가 멸종 위기에 놓여 있어. 이런 동물들은 잡아서도 안 되고, 사고파는 것도 국제적으로 금지하고 있어. 하지만 희귀한 동물을 갖고 싶은 욕심 때문에 몰래 외국에서 들여오는 사람들이 있는데, 지금 시장에서 팔리는 파충류 중에서도 불법으로 수입된 것이 적지 않을 거야.

사실 우리나라에도 여러 종류의 파충류가 살고 있는데, 그중에서 두 종류를 소개할까 해. 주인공은 바로 구렁이와 남생이! 집에서 기르지는 않았지만 사람들과 아주 가까이 살던 파충류였어. 구렁이는 익숙할 텐데, 남생이는 낯설어 할 친구들이 많을 거야. 남생이는 민물에 사는 거북이인데, 우리 조상들이 흔히 거북이라고 부르는 것은 거의 남생이야. 자라와 함께 강이나 호수, 연못에 많이 살았지.

아이코, 깜짝이야. 구렁이야, 안녕? 이렇게 큰 뱀이 동네나 집에서 살았어.

구렁이는 몸길이가 110~200센티미터 정도로 우리나라에서 가장 큰 뱀이야.

남생이는 등딱지 길이가 20~45센티미터 정도야. 11월이면 땅속에 들어가서 겨울잠을 자고, 이듬해 4월 즈음에 깨어나서 알을 낳아.

● 사람과 함께 살던 뱀, 구렁이

먼저 구렁이 얘기부터 해보자. 구렁이는 옛날이야기에 자주 등장하는데, 실제로 사람이 사는 집 주변에 많이 살았지. 그만큼 구렁이는 우리 조상들에게 친숙한 동물이었어. 요즘에도 사람들이 즐겨 쓰는 '구렁이 담 넘어가듯 하다'는 속담이 그냥 생긴 게 아니야. 잘못을 했거나 어떤 일이 닥쳤을 때 슬그머니 얼버무리거나 능청스럽게 넘어가는 것을 뜻하는데, 옛날에는 구렁이가 담장을 느리게 넘어가는 모습을 어렵잖게 볼 수 있었기 때문에 생긴 속담이라고 할 수 있어.

구렁이가 사람들과 가까이 살았던 이유는 구렁이의 먹잇감인 쥐가 집 주변에 많이 살았고, 옛날에는 초가집과 돌담이 많아서 구렁이가 몸을 숨길 만한 구멍이나 틈이 많았기 때문이지. 심지어 지붕 속에 구렁이가 살기도 했어. 귀중한 곡식을 먹어치우는 쥐를 구렁이가 잡아주니까 우리 조상들은 구렁이를 이로운 동물로 생각했

구렁이는 독이 없어서 사람들과 가까이에서 살아갈 수 있었지.

다양한 색깔의 구렁이
검은 먹구렁이, 노란 황구렁이 등 몸의 색깔이 다양해서 각각 다른 뱀으로 착각하기 쉬워. 구렁이는 쥐와 같은 설치류를 주로 잡아먹는데, 독이 없으니까 먹잇감을 몸으로 친친 감아서 죽인 다음에 통째로 삼켜 먹어.

고, 함부로 죽이지도 않았어. 집안을 지켜주는 신령스러운 동물로 생각하기도 했지.

그런데 말이야. 만약 구렁이가 독이 있고 사나운 뱀이라면 어땠을까? 쥐를 잡아주는 고마움보다 구렁이에게 물려서 다칠 걱정에 구렁이를 그냥 두지 않았을 거야. 구렁이가 사람들과 아주 가까이에서 함께 살 수 있었던 가장 중요한 이유는 구렁이가 독이 없고 성질도 아주 온순했기 때문이야.

구렁이는 1960년대 이전까지만 해도 집 주변에서 많이 볼 수 있었는데, 지금은 외딴 곳이나 깊은 산에서만 드물게 볼 수 있어. 내가 구렁이를 직접 본 곳은 서해안에서 멀리 있는 '굴업도'라는 섬에서야. 집 주변에서 구렁이를 볼 수 있는 곳은 아마도 지금은 굴업도밖에 없을 거야. 굴업도의 마을 사람들이 다른 마을로 다 떠나고 빈집이 많지만, 여전히 집과 밭 주변의 돌담을 터전으로 구렁이가 살고 있어.

💬 토종 민물 거북, 남생이

구렁이가 독이 없고 온순하지만 그래도 뱀이라서 꺼려지는 건 어쩔 수 없나 봐. 하지만 거북이라면 다르겠지. 파충류를 무서워하는 사람도 아마 거북이는 거리낌 없이 만질 수 있을 거야. 거북이를 온순하고 귀여운 동물로 여기는 사람들이 많아. 우리나라에 사는 남생이는 자라와 함께 우리나라와 중국, 일본, 타이완 등 동아시아에 사는 대표적인 민물 거북이야. 우리나라 강이나 냇물에 거북이가 살았다는 게 믿기지 않지?

우리 속담 중에 '방죽에 줄남생이 늘어앉듯 한다.'는 말이 있어. 강둑에 남생이들이 줄을 지어 앉아서 볕을 쬐고 있는 모습을 나타

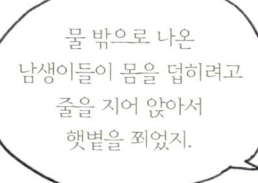
물 밖으로 나온 남생이들이 몸을 덥히려고 줄을 지어 앉아서 햇볕을 쬐었지.

[덤] 집에선 애완동물 밖에선 생태 교란종, 붉은귀거북

붉은귀거북은 미국 미시시피 강이 원산지인데, 현재 우리나라 생태계를 교란시키는 외래 동물로 퇴치 대상이 되었어. 1980년대에 애완동물로 수입되어서 '청거북'이란 이름으로 많이 팔렸는데, 기르다가 싫증이 난 사람들이 강이나 호수에 버리는 바람에 우리나라 야생에 빠르게 퍼지고 말았지.

당시에는 사람들이 붉은귀거북이 외래종인줄도 몰랐고, 생태계를 교란시킬 거라고는 생각하지 못했어. 사로잡힌 생물을 자연으로 돌려보내는 방생(放生)이라는 불교 의식을 통해서도 많은 수의 붉은귀거북이 야생으로 퍼졌어. 붉은귀거북은 토종 생물들을 닥치는 대로 잡아먹어서 골칫거리가 되고 있는데, 특히 멸종 위기인 남생이와 경쟁 관계라서 문제가 되고 있어. 너희들도 기르던 동물을 야생에 함부로 버리거나 풀어줘서는 안 돼! 애완동물을 기르고 싶어 하는 다른 친구에게 입양시키거나, 애완동물 가게에 가져다주는 것이 좋아.

야생에서 만난 붉은귀거북

낸 말이야. 예전에 남생이는 제주도를 제외한 전국의 강과 호수, 늪, 연못에서 아주 흔히 보였는데, 지금은 줄지어 앉아 있는 모습은커녕 한 마리도 제대로 보기 어려워. 남생이는 잡식성이라 아무거나 잘 먹고 질병에도 잘 안 걸리는 튼튼한 동물인데도 사라져 버렸어.

● 구렁이와 남생이가 사라진 까닭

흔하던 구렁이가 사라진 가장 큰 이유는 잘못된 음식 문화 때문이야. 사람들은 뱀을 먹으면 몸이 건강해진다고 믿었어. 특히 구렁이를 먹으면 힘이 세진다고 믿었지. 보신 음식이라고 잘못된 소문이 퍼지면서 구렁이를 보이는 대로 잡아먹다 보니까 1960년대 이후로 구렁이가 거의 사라진 거야.

구렁이가 사라진 또 한 가지 이유는 사람들이 사는 집이 벽돌이나 콘크리트로 바뀌었기 때문이야. 초가집과 돌담이 많던 시절과 달리 구렁이가 살 수 있는 공간이 사라져 버리면서 구렁이도 없어졌어.

남생이도 사라진 까닭과 시기가 구렁이와 비슷해. 1960년대 이후로 하천 개발과 오염으로 남생이가 살아갈 수 있는 서식지가 줄어든 것도 중요한 원인이지만, 남생이가 줄어든 가장 결정적인 원인은 사람들이 너무 많이 잡아먹었기 때문이야. 남생이는 《동의보

감》에도 실려 있는 약재인데, 말린 배딱지나 오줌을 약재로 쓰기도 했어. 하지만 특별한 질병을 치료하려고 남생이를 잡은 경우는 드물고, 그저 몸에 좋다고 알려지면서 너도나도 잡아먹다 보니 사라지게 된 거지.

삼국 시대의 설화, 신화 등을 기록한 책《삼국유사》에는 가야를 건국한 김수로왕 이야기가 나오는데, 거기에 가야 사람들이 불렀다는 '구지가(龜旨歌)'라는 짧은 노래가 소개되어 있어. 우리나라에서 가장 오래된 노래 가운데 하나인데, 그 주인공이 거북이야.

거북아 거북아   龜何龜何 (구하구하)
머리를 내어라   首其現也 (수기현야)
내어 놓지 않으면 若不現也 (약불현야)
구워서 먹으리   燔灼而喫也 (번작이끽야)

이 노래에서 말하는 거북은 아마도 주변에서 흔히 보이던 남생이였을 거야. 어쨌든 이 노래를 통해서 아주 오래전부터 사람들이 남생이를 잡아먹었다는 걸 짐작할 수 있어.

실제로 남생이뿐만 아니라, 세계적으로 많은 종류의 거북들이 줄어들거나 멸종한 이유도 사람들이 너무 많이 잡아먹어서야. 이런 얘기를 하기가 좀 그렇지만 거북은 맛이 아주 좋대. 제2차 세계 대전을 승리로 이끈 영국의 윈스턴 처칠 수상이 바다거북으로 만든 수프를 날마다 먹었다는 이야기도 있지. 지금까지 밀렵이 끊이지 않는 이유도 그 때문이야. 20세기 중반까지만 해도 거북으로 만든 요리를 쉽게 먹을 수 있었지만, 지금은 거북이 대부분이 보호되고 있어.

남생이와 구렁이

[덤] 사람들이 잡아먹어서 멸종한 거대 거북

인도양에 있는 마스크레인 제도(Mascarene Islands)는 모리셔스(Mauritius), 로드리게스(Rodrigues), 레위니옹(Réunion) 등 세 개의 섬으로 이루어져 있어. 각각의 섬에는 5종의 땅거북들이 살고 있었는데, 지구의 다른 어느 곳에도 없는 이 섬에서만 볼 수 있는 거북이었지.

이들은 자이언트거북(Giant tortoises)과에 속한 거대한 땅거북이었는데, 1663년에 사람들이 처음으로 이 섬에 들어가 살기 시작하면서 거북들이 줄어들기 시작했어. 인도양을 건너 항해하던 선원들에게 이 섬은 아주 유명했는데, 바로 신선한 거북 고기를 얻을 수 있었기 때문이지.

먼 항해를 할 때 가장 필요한 것은 물과 식량이야. 옛날 선원들은 신선한 야채나 육류를 먹기가 쉽지 않아서 영양 불균형으로 여러 가지 질병에 시달렸어. 이 섬에 상륙한 선원들은 땅거북들을 산 채로 잡아서 배에 실었어. 양이나 돼지 같은 가축은 매일 풀이나 곡물을 먹여야 해서 배에서 기르기가 어려웠는데, 거북은 먹이가 없이도 오랫동안 살았기 때문에 먼 항해의 식량으로 인기가 높았던 거야.

마스크레인 제도에 살았던 **자이언트거북**(*Cylindraspis peltastes*)은 1800년 무렵에 멸종해서 이제 그림으로만 볼 수 있어.

인간이 살지 않던 섬에 사는 생물들은 사람을 무서워하지 않아서 도망을 가지 않아. 게다가 땅거북은 느리고 온순했기 때문에 손쉽게 사냥할 수 있었어. 또 사람들이 섬에 들어오면서 쥐나 고양이 같은 동물들도 함께 들어왔는데, 이들 동물이 거북의 알을 먹어치우면서 결국 이 섬에 살던 5종의 땅거북들은 1800년이 되기 전에 대부분 멸종하고 말았어. 마지막까지 살아남은 거북은 1840년 무렵에 죽었다고 해. 지금 이 땅거북들은 유럽의 오래된 몇몇 박물관에 뼈만 남아 전해지고 있어.

구렁이 Rat sanke, Korean ratsnake, Amur ratsnake
학명 : *Elaphe schrenckii*
분류 : 척삭동물문 > 파충강 > 유린목 > 뱀과
지위 : 멸종 위기 야생 생물 Ⅱ급, 한국 적색 목록 위기(EN)

남생이 Reeve's turtle
학명 : *Mauremys reevesii*
분류 : 척삭동물문 > 파충강 > 거북목 > 남생이과(남생잇과)
지위 : 멸종 위기 야생 동물 Ⅱ급, 천연기념물 제453호, 한국 적색 목록 취약(VU), IUCN 적색 목록 위기(EN)

환경 변화에 가장 민감한 양서류들
맹꽁이와 금개구리

사람들이 저지른 환경 파괴로 지구 환경이 빠른 속도로 나빠지고 그 때문에 많은 생물들이 사라지고 있다는 사실은 다들 잘 알고 있을 거야. 과학자들이 조사해 보니까, 다른 어떤 생물들보다도 빨리 사라지는 동물이 개구리나 도롱뇽 같은 양서류라고 해. 세계 자연 보전 연맹(IUCN)에서 2011년 발표한 자료에는 세계적으로 양서류가 6200여 종이 있는데, 그중에서 3분의 1인 2000여 종이 멸종 위기라고 해. 그 이유는 뭘까?

🗨 양서류는 어떤 동물일까?

먼저 양서류가 어떤 동물인지 알아보자. '양서(兩棲)'란 '양쪽에서 산다'는 뜻이야. 양서류는 물에서도 땅에서도 살 수 있어서 붙은 이름인데, 순우리말로는 '물뭍동물'이라고 하지. 생명의 역사에서 양서류는 척추라는 등뼈를 지닌 동물들 중에서 처음으로 육지에 올라와 살기 시작한 동물이야.

대표적인 양서류는 도롱뇽과 개구리야. 둘 다 알과 새끼 때에는 물속에서만 지내다가 어른이 되면 땅에서도 살 수 있지. 어른이 되면 물 밖에 나와서도 숨을 쉴 수가 있기 때문이야. 우리나라는 도롱뇽 5종과 개구리 13종이 살고 있어.

도롱뇽은 유미류, 개구리는 무미류라고 불러. 한자를 잘 아는

꼬리치레도롱뇽 긴 꼬리가 있어. 그래서 도롱뇽은 유미류야.

양서류의 서식지
물과 뭍을 오가며 사는 동물은 물과 뭍 두 환경이 모두 있어야 생존할 수 있지.

친구라면 무슨 뜻인지 금방 알 수 있을 거야. 유미(有尾)는 꼬리가 있다는 뜻이고, 무미(無尾)는 꼬리가 없다는 뜻이야. 도롱뇽과 개구리는 둘 다 올챙이 때에는 꼬리가 있는데, 자라면서 도롱뇽은 꼬리를 그대로 지니지만, 개구리는 점점 짧아져서 없어져. 그래서 두 종류를 구분하려고 꼬리의 특징으로 이름을 붙인 거야.

양서류 중에서 환경부에서 멸종 위기 야생 동물로 지정하여 보호하고 있는 건 맹꽁이, 금개구리, 수원청개구리 등 모두 3종이야. 그렇다고 다른 개구리를 함부로 잡거나 죽여서는 안 돼! 참개구리

맹꽁이 수컷은 장마철이면 짝짓기를 하려고 '맹꽁 맹꽁' 하고 운단다.

금개구리는 우리나라에서만 볼 수 있는 개구리야.

와 옴개구리, 청개구리처럼 흔한 몇몇 종을 제외한 나머지 양서류도 '야생 동물 보호법'에 따라 보호하고 있어. 멸종 위기의 양서류 중에서 이번에 소개할 동물은 이름이 아주 재밌는 맹꽁이랑, 뭔가 아주 귀한 동물일 것 같은 이름인 금개구리야.

● 땅 파기 명수 맹꽁이

맹꽁이는 울음소리가 아주 독특해. 그 소리가 '맹꽁 맹꽁' 들려서 이름도 맹꽁이가 되었어. 몸길이는 3~6센티미터 정도인데, 머리가 뭉툭하고 다리가 짧은 것이 특징이야.

맹꽁이는 뒷발바닥에 돌기가 있어서 쟁기처럼 땅을 파는 데 이용해. 그래서 맹꽁이 뒷발을 '쟁기 발'이라고 불러. 뒷다리로 땅을 파면서 꽁지부터 잽싸게 땅속으로 몸을 숨길 수 있어. 땅 파기의

맹꽁이 알
개구리의 알과 달리 맹꽁이의 알은 낱개로 떨어져 있어.

맹꽁이 울음주머니

맹꽁이 뒷발에 난 돌기
땅을 파기에 적합하지.

명수답게 낮에는 흙속이나 돌 밑에 숨어 있다가, 밤에 나와서 작은 벌레를 잡아먹어.

맹꽁이는 전국의 들이나 논밭, 습지, 공원 주변에 살아. 맹꽁이는 비가 많이 내리는 장마철에 짝짓기를 하고, 사는 곳 주변의 물웅덩이에 알을 낳아. 맹꽁이의 알은 아주 독특하게 생겼어. 보통 개구리나 도롱뇽의 알은 순대처럼 길쭉하게 여러 개가 줄지어 있고, 투명한 막 속에 싸여 있거나 아니면 알들이 끈끈해서 물속의 풀줄기나 돌에 뭉쳐서 붙어 있는데, 맹꽁이의 알은 낱개로 하나씩 하나씩 떨어져서 물 위에 둥둥 떠 다녀.

맹꽁이는 4월부터 9월까지 활동하고, 10월이면 벌써 땅속으로 들어가 겨울잠에 들어.

💬 금띠 두르고 태어난 금개구리

금개구리는 이름부터 뭔가 귀한 느낌이 들지? 금개구리는 크기가 4~6센티미터 정도인데, 등쪽에 금빛이 도는 갈색 띠가 두 줄이 있는 것이 특징이야. 그래서 금개구리라고 불러. 참개구리는 등 가운데에도 줄이 있어서 금개구리와 달리 석 줄이야. 물론 금빛도 나지 않아. 금개구리는 가장 흔히 보이는 참개구리와 사는 곳도 같고 생김새도 아주 비슷해서 많이 헷갈리지.

금개구리는 우리나라에서만 볼 수 있는 고유종이야. 금개구리는 경기도와 충청도, 전라북도 일부 지역의 평야 지대에서 사는데, 논이나 도랑, 물웅덩이, 늪이나 습지에 살아. 금개구리는 참개구리와 구별되는 습성이 있는데, 그건 대부분의 시간을 물에 떠서 지낸

참개구리(왼쪽)와 금개구리(오른쪽)의 줄무늬 비교
참개구리와 금개구리는 주변 환경에 따라서 몸 색깔이 변하고, 줄무늬가 희미한 경우도 있어서 쉽게 구분하기 어려워.

자연에서 만나면 구분하기가 쉽지 않아. 오른쪽이 금개구리야.

참개구리

금개구리

다는 거야. 그래서 물이 늘 고여 있는 늪지가 있는 곳에서만 살 수 있어. 물에 떠 있다 보니 새나 큰 물고기 같은 천적의 눈에 잘 띄어서 잡아먹히기가 쉽지.

● 환경 변화에 가장 민감한 동물

양서류는 올챙이 때는 물속에서 아가미로 숨을 쉬는데, 자라면서 아가미는 사라지고 땅 위의 공기 중에서도 숨을 쉴 수 있는 허파가 생겨. 양서류의 허파는 아주 원시적이라서 허파만으로 몸에 필요한 산소를 충분히 얻을 수 없어. 그래서 피부로도 숨을 쉰단다.

피부 호흡이 일어나려면 피부가 물기로 촉촉이 젖어 있어야 해.

왜냐고? 모래밭에서 모래를 만질 때 젖은 손으로 만질 때와 바짝 마른 손으로 만질 때를 비교해 봐! 젖은 손에는 모래가 잔뜩 묻지만, 마른 손은 그렇지 않지? 마찬가지로 피부가 젖어 있어야 공기 중의 산소가 피부에 더 많이 접촉하고, 그래야 더 많은 산소를 흡수할 수 있어. 개구리와 도롱뇽이 땅에서 살지만 항상 물가나 축축한 곳에 사는 이유도 그 때문이야.

양서류는 다른 동물보다도 환경 변화에 아주 민감해. 그 이유도 피부 호흡과 관련이 있어. 피부를 통해서 호흡한다는 건, 피부를 통해서 산소 말고도 병균이나 바이러스, 곰팡이, 유해 물질 등이 더 잘 침투할 수도 있다는 거야. 또 외부 환경에 따라 체온이 변하는 변온 동물이라서 기후 변화에도 아주 약하지. 그래서 양서류는 세계적으로 가장 빨리 사라지고 있는 동물이 된 거야.

💬 개구리에게 치명적인 항아리곰팡이병

최근에 양서류가 사라지는 원인으로 세계적으로 큰 문제가 되고 있는 것이 있어. 바로 '항아리곰팡이병'이라고 불리는 전염병이지. 항아리곰팡이(*Chytrid Fungus*)라는 균에 감염되면 피부를 보호하는 성분을 먹어 치워서 몸에 이상을 일으키고 또 피부로 호흡하는 걸 방해해서 죽게 돼. 특히 개구리에게 치명적인데, 병에 걸리면 10마리 중에서 9마리가 죽는 무서운 전염병이야.

이 질병은 1993년에 호주에서 개구리가 집단적으로 죽는 일이 벌어지면서 처음 세상에 알려졌어. 흥미로운 사실은 호주와 아메리카 대륙의 개구리들이 큰 피해를 입었고, 아프리카와 유라시아 대륙의 개구리는 상대적으로 피해가 적었다는 거야. 생물학자들은 아마도 이 곰팡이 균이 원래 아프리카와 유라시아 대륙에 널리 퍼져 있던 균이어서, 그곳에 사는 개구리는 어느 정도 면역을 갖고 있었다고 보고 있어.

생물학자들은 실험용으로 많이 쓰이는 아프리카의 발톱개구리를 여러 나라에서 수입하면서 항아리곰팡이 균도 함께 퍼진 것으로 보고 있어. 또 애완용 개구리를 수입하면서 전파되거나 개구리가 아니더라도 민물고기 등을 수입할 때 물속에 균이 포함되어 퍼졌을 수도 있어. 요즘은 외국에서 살아 있는 생물이나 흙, 물을 함

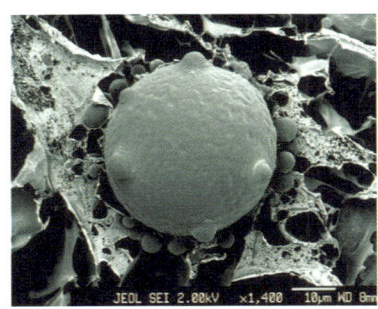

현미경으로 본 항아리곰팡이
항아리 모양 안에 씨앗에 해당하는 포자를 가득 담고 있어. (출처: 위키피디아)

코스타리카에 사는 **황금두꺼비**는 1966년에 처음 세상에 알려졌어. 이 희귀한 개구리는 발견된 지 겨우 20여 년이 지난 1989년에 멸종되었어. 갑자기 사라지는 바람에 멸종 원인을 정확히 알 수 없는데, 항아리곰팡이병 때문이라는 주장이 최근에 설득력을 얻고 있어. (출처: 위키피디아)

부로 들여올 수 없게 하는데, 거기에 세균 등 미생물이 함께 섞여서 들어올 수 있기 때문이야. 외국에서 갑작스럽게 침입한 생물 때문에 토종 생물들이 큰 피해를 입을 수 있기 때문이지.

다행인 건 우리나라에서도 항아리곰팡이에 감염된 개구리가 발견되었는데, 현재까지는 눈에 띄는 큰 피해가 없다고 해. 하지만 지구 온난화로 기온이 점점 따뜻해지면 곰팡이들이 더 잘 퍼지기 때문에 안심할 수는 없어.

● 양서류가 살 곳이 없어지고 있어

양서류는 곤충이나 작은 벌레를 잡아먹고, 새나 뱀 등의 먹이가 되기 때문에 생태계의 먹이사슬에서 중간을 차지하는 동물이야. 양서류가 사라지면 양서류를 먹이로 삼는 동물들의 생존에도 큰 위협이 되지. 그래서 양서류를 더욱 보호해야 해.

양서류는 물과 뭍의 두 가지 환경에서 살아가기 때문에 다른 동물보다도 서식 조건이 까다롭다고 할 수 있지. 그래서 무엇보다 양서류를 보호하려면 서식지를 잘 보존해야 해. 우리나라처럼 인구가 많고 개발 속도가 빠른 나라에서는 물웅덩이나 습지를 흙으로 메워버리고 그 위에 건물이나 도로를 만드는 경우가 많아.

우리나라는 옛날에는 논농사를 많이 지어서 농수로와 크고 작은 저수지 같은 습지가 많았는데, 요즘은 논이 자꾸 줄어들면서 양서류가 살 곳이 줄어들고 있어. 특히 금개구리는 다 자란 뒤에도 웅덩이처럼 고인 물에서 살기 때문에 더 빨리 사라지고 있지.

청개구리를 영어로 뭐라고 부르는 줄 아니? '나무 개구리'라는 뜻으로 트리 프로그(Tree Frog)라고 해. 우리나라에 사는 개구리는 물이 있는 땅에서 사는 종류가 많지만, 세계적으로 보면 나무에 사는 개구리 종류가 훨씬 더 많단다. 나무에 사는 개구리들은 일 년 내내 따뜻하고 비가 많이 내려서 언제나 축축한 열대의 울창한 숲에 사는 종류가 대부분이야. 청개구리는 발에 물갈퀴가 없고, 대신에 나무에 잘 붙을 수 있도록 발가락에 빨판이 있지.

    그런데 남아메리카의 아마존이나 동남아시아, 중앙아프리카의 울창한 열대 우림들이 없어지고 있어. 사람들이 나무를 이용하려고 베어내거나, 숲을 개간해서 농경지를 만들기 때문이지. 지구가 따뜻해지는 주범으로 알려진 이산화탄소를 흡수하고 생명들에게 필요한 산소를 생산하는 곳이 열대 우림이야. 그래서 열대 우림을 지구의 허파라고 하잖아. 그곳을 보존하는 건 개구리에게도 좋은 일이지만, 무엇보다 우리 인간들이 생존하기 위해서도 반드시 필요한 일이야.

[덤] 이름은 들어봤니? 멸종 위기 I급 수원청개구리

수원청개구리라는 이름을 들어본 적 있니? 수원청개구리는 1980년에 세상에 알려졌는데, 우리나라에서 개구리를 연구하던 구라모토라는 일본 학자가 경기도 수원에서 처음 발견했지. 이름에 수원이 들어가게 된 것도 그 때문이야. 수원청개구리는 청개구리와 겉모습이 거의 똑같아서 구별하기 어려운데, 그래서 그동안 학자들조차도 청개구리인줄로만 생각했던 거지.

수원청개구리는 울음소리가 청개구리와 다르고, 살아가는 방식도 조금 달라. 최근에 조사해 보니까 경기도, 충청도, 전라북도의 여러 곳에서도 발견되고 있는데, 정작 처음 발견되었던 수원에서는 사라졌대. 왜냐고? 수원청개구리는 논에서 사는데, 아파트를 짓거나 여러 가지 개발 사업을 한다고 논을 없애니까 살 곳이 없어진 거지.

수원청개구리는 우리나라에서만 사는 고유종인 데다 개체 수가 너무 적어서 환경부 멸종 위기 야생 생물 I급으로 지정해서 보호하고 있어. 그런데 최근 중국에 사는 청개구리(*Hyla immaculata*)와 같은 종일 수 있다는 연구도 있어서 수원청개구리에 대해서 더 많은 연구가 필요해 보여. 앞으로 너희들이 밝혀보는 건 어떨까?

청개구리와 수원청개구리
왼쪽이 청개구리, 오른쪽이 수원청개구리이야. 참 비슷하지?

기 본 정 보

맹꽁이 Boreal digging frog
- 학명 : *Kaloula borealis*
- 분류 : 척삭동물문 > 양서강 > 무미목 > 맹꽁이과(맹꽁잇과)
- 지위 : 멸종 위기 야생 생물 II급, 한국 적색 목록 취약(VU),
  IUCN 적색 목록 관심 대상(LC)

금개구리 Pond frog, Seoul frog
- 학명 : *Pelophylax chosenicus*
- 분류 : 척삭동물문 > 양서강 > 무미목 > 산개구리과(산개구릿과) > 참개구리속
- 지위 : 멸종 위기 야생 생물 II급, 한국 적색 목록 취약(VU), 한국 고유종

한반도에만 사는 작은 물고기
꾸구리와 좀수수치

이제 우리나라에 사는 민물고기 이야기를 해보자. 물고기 중에는 바다와 강을 오가며 사는 종류가 생각보다 많아. 민물고기라고 하면 강이나 호수 같은 민물에 사는 물고기를 말하는데, 바닷물이 섞이는 곳에 사는 것도 민물고기에 포함시키기도 하지. 바닷물인 해수(海水)와 강물인 담수(淡水)가 만나서 섞이는 곳은 기수(汽水)라고 해. 기수에 사는 물고기도 많아.

우리나라에 민물고기는 220여 종이 있어. 그중에서 순수하게 민물에서만 사는 게 150종 정도이고, 우리나라에서만 볼 수 있는 종류가 50여 종류나 되지. 거의 4분의 1이 우리나라 고유종이야.

강은 고립된 생태계

이렇게 민물고기 고유종이 많은 이유는 강과 호수라는 독특한 환경 때문이야. 강이나 호수는 바다와 육지에 둘러 싸여 있잖아. 그래서 마치 섬처럼 외부와 고립된 생태계를 이루는 경우가 많단다. 육지와 한 번도 연결된 적이 없는 바다 한가운데의 외딴 섬에는 그 섬에

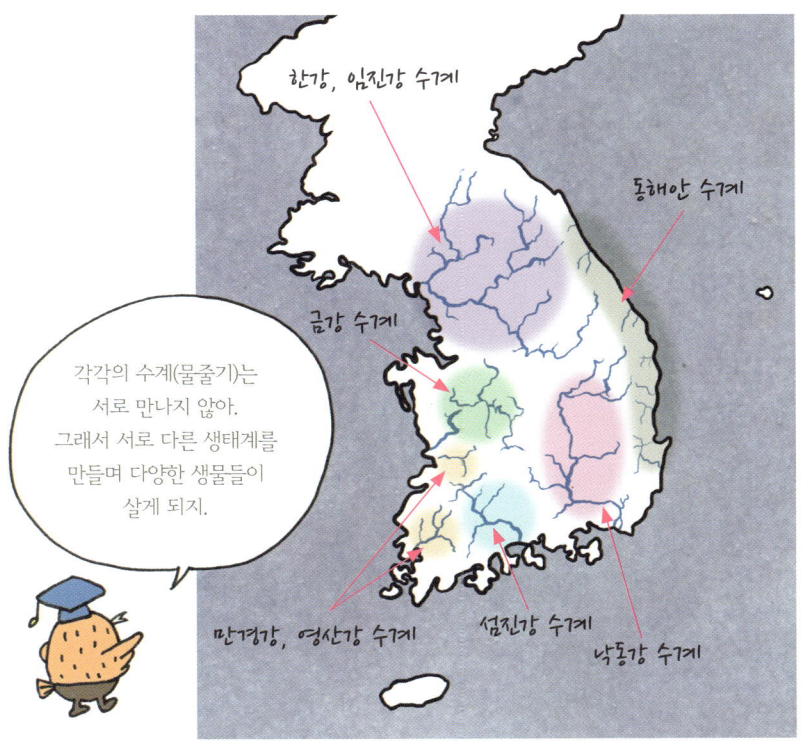

한반도 수계 지도
우리나라의 민물고기는 크게 한강, 금강, 영산강, 낙동강, 동해로 흐르는 하천 등으로 나뉘어 살고 있단다. 각 수계마다 고유한 물고기들이 살고 있어.

서만 살아가는 독특한 생물이 많듯이, 다른 강과 연결된 적이 없는 강물에는 오직 그곳에서만 사는 물고기가 많이 살아.

우리나라의 하천들은 백두대간이라는 높은 산으로 이어진 장벽에 막혀서 동해, 서해, 남해로 흘러드는 하천들이 각각 고립되어 있는 것이 특징이야. 그래서 우리나라 안에서도 크게 한강, 금강, 낙동강, 영산강 그리고 동해로 흘러드는 하천들이 각각 나뉘어 있어서 각각의 하천마다 살고 있는 물고기 종류가 무척 달라. 같은 종이라고 해도 사는 곳에 따라서 무늬나 생김새가 조금씩 차이를 보이기도 해.

● 꾸구리, 하천 개발로 사라질 위기

꾸구리라는 이름을 들어봤니? 고양이처럼 주변의 밝기에 따라서 눈동자의 크기가 커졌다 줄었다 하는 재밌는 민물고기란다. 눈에 눈꺼풀 같은 껍질막이 있어서 그래.

몸길이가 10~13센티미터 정도 되는 작은 물고기로, 한강과 금강에서만 사는 우리나라 고유종이지. 최근 들어 발견되는 곳이 점차 줄고, 수도 빠르게 줄고 있어서 환경부 멸종 위기 야생 생물 II급으로 지정되었어.

꾸구리가 사라지고 있는 이유는 꾸구리가 살 만한 환경이 자꾸 없어지기 때문이야. 꾸구리는 강바닥이 넓고 작은 자갈로 이루어

꾸구리는 눈꺼풀 같은 것이 있어서 주변의 밝기에 따라서 고양이처럼 눈동자의 크기가 변한단다.

경기도 여주시 남한강변은 우리나라에서 손에 꼽던 꾸구리의 대규모 서식지였는데, 4대강 사업으로 이포보(사진)와 여주보가 들어서면서 물 흐름이 멈추고 여울이 사라지면서 꾸구리도 자취를 감췄어.

진 물살이 빠른 여울(얕거나 폭이 좁아 물살이 세게 흐르는 곳)에서 살아. 그런 곳은 물속에 산소도 풍부하고 아주 맑단다. 그래서 강바닥에 퇴적물이 쌓이거나 이끼가 끼는 일도 별로 없지.

물속의 꾸구리

그런데 최근에 4대강 사업을 비롯해서 구불구불한 강을 곧게 만드는 공사를 많이 하고 곳곳에 보와 댐을 만들면서 강물이 더 이상 흐르지 않고 곳곳에서 고이게 되었어. 물이 흐르지 않으면 여울이 사라지고 고인 물이 많아지겠지. 그러면 물속에 퇴적물이 쌓이면서 물이 탁해지고 물이끼나 해캄 같은 자잘한 물풀들이 부쩍 늘어나게 돼. 그러면 꾸구리는 그곳에서 더 이상 살 수 없어.

우리나라에서 현재 멸종 위기에 놓인 물고기들 중 상당수가 여울에서 사는 물고기야. 그중에 또 상당수는 우리나라에만 사는 고유종이고. 사람들이 인위적으로 하천의 환경을 획일화시키면서 물살이 빠른 곳에 사는 물고기들은 더 이상 살아갈 수 없게 되었어.

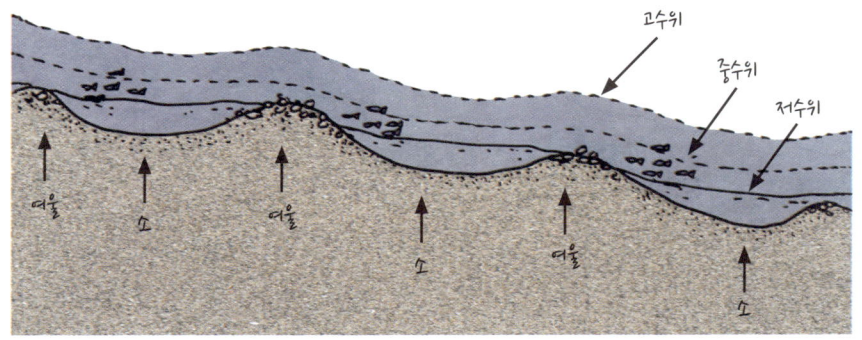

여울과 소
흐르는 냇물은 여울과 소가 반복되며 흐르지. 여울은 물이 흐르는 곳이고, 소는 물이 고이는 곳이야. 물위에서 내려다보면 여울은 폭이 좁고, 소는 여울보다 넓어.

흐르는 물인 여울에서도 살아가는 물고기가 많아. 여울에서는 물과 공기가 섞이면서 산소가 물에 녹아들지.

● 좀수수치, 작은 하천에만 사는 물고기

꾸구리라는 이름을 못 들어본 친구라면, 좀수수치도 아마 모르겠지? 좀수수치는 미꾸라지와 닮은 작은 민물고기인데, 다 자라도 겨우 7센티미터밖에 안 되지. 이름에 '좀'이 붙으면 작다는 뜻이야. 낙동강에 사는 가까운 친척인 수수미꾸리랑 비슷하게 생겼고, 크기가 작아서 붙은 이름이란다.

　좀수수치는 1995년에야 세상에 알려졌어. 우리나라에서도 전남 고흥 반도와 여수, 그리고 그 주변의 섬에서만 드물게 발견되다 보니, 학자들이 잘 몰랐던 거지. 좀수수치는 우리나라에 사는 민물

좀수수치가 살고 있는 전남 고흥의 시냇물

물속의 물고기들도 대부분 보호색을 띠기 때문에 눈에 잘 띄지 않아.

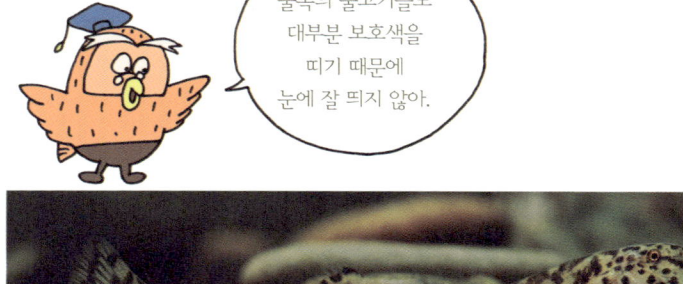

물속의 좀수수치

고기 중에서 서식 범위가 가장 좁은 물고기야. 아마 세계적으로 봐도 좀수수치처럼 서식 범위가 좁은 물고기는 드문데, 그만큼 아주 희귀하다고 할 수 있지.

현재 좀수수치가 살고 있는 곳은 개울이라고 할 만큼 작은 하천들이야. 작은 하천들은 홍수 피해를 줄이려고 공사를 많이 하고, 또 사람들이 접근하기 좋으니까 하천 주변에 여러 가지 편의 시설을 설치하는 등 사람들의 간섭이 클 수밖에 없어. 그 때문에 서식지가 훼손되는 일이 잦다 보니 좀수수치가 빠르게 사라지고 있어.

● 획일화된 하천을 만들면서 사라지고 있는 물고기들

우리나라 하천은 지구의 역사, 생명의 역사를 연구하는 데 더 없이 좋은 연구 대상이야. 고유한 생태 환경에 적응해 살아가는 다양한 생명들, 특히 민물고기가 있기 때문이지. 고유종이 많다는 건 학문적으로도 중요하지만, 경제적으로도 아주 중요해. 왜냐하면 생명공학이 발전하면서 고유종들이 갖고 있는 다양한 유전 정보들이 나중에 우리의 삶에 다양하게 활용될 가능성이 높기 때문이지. 그래서 생물들의 고유한 유전자를 자원으로 보기 시작하면서 최근에 '유전 자원'이라는 말도 생겼어.

불행히도 우리나라는 최근에 무분별한 하천 개발로 모두 똑같은 모습으로 바뀌고 있어. 크고 작은 보를 설치해서 물길을 막고, 하천 바닥을 긁어내고, 주변에 콘크리트를 발라서 물길을 곧게 하고, 산책로와 자전거 도로를 만든다면서 물가에 자연스럽게 뿌리내리고 자라던 풀과 나무들을 베어내고 농장에서 키운 원예종 식물들을 가져다 심고 있어. 다양한 수계마다 개성이 있던 주변 환경이 이제 똑같아지는 거지.

4대강 사업 이후에 우리나라에서 자연 그대로의 모습을 간직하고 있는 하천들이 거의 사라지고 있어. 하천 환경이 모두 똑같은 모습으로 획일화되면서 다양한 서식 환경에 적응해서 살아가는 고유한 생명들은 사라지고 있어.

우리나라 하천들을 보면서 이런 생각이 들어. 왜 똑같은 모습이어야 할까? 강마다 환경이 다르고 그곳에서 살아가는 생명들이 다르니 모습이 다양한 게 가장 자연스러운 건데도 말이야. 모두 똑같은 꿈을 꿔야 하고, 똑같은 모습으로 살아야 한다는 건 얼마나 불행한 일일까! 자연스럽다는 것, 생태적이라는 건 바로 다양한 환경에서 다양한 생명이 산다는 뜻이야.

기본정보

꾸구리
- 학명 : *Gobiobotia macrocephala*
- 분류 : 척삭동물문 > 조기강 > 잉어목 > 잉어과(잉엇과)
- 지위 : 멸종 위기 야생 생물 II급, 한국 적색 목록 취약(VU), 한국 고유종

좀수수치
- 학명 : *Kichulchoia brevifasciata*
- 분류 : 척삭동물문 > 조기강 > 잉어목 > 미꾸리과(미꾸릿과)
- 지위 : 멸종 위기 야생 생물 II급, 한국 적색 목록 취약(VU), 한국 고유종

누구나 알지만 아무나 볼 수 없는 희귀한 딱정벌레
소똥구리와 장수하늘소

소똥구리(쇠똥구리)하면 소똥이나 말똥으로 둥근 경단을 만들어서 굴리고 가는 모습이 먼저 떠오르지. 《파브르 곤충기》에도 나오는 유명한 곤충이지만, 우리나라에서는 1970년대에 사실상 멸종되어서 이제 자연에서는 볼 수 없단다.

우리나라 주변의 딱정벌레 가운데 가장 덩치가 큰 장수하늘소 역시 보기 힘들어. 몇 년에 한 번씩 여름에 경기도 포천 광릉에 있는 국립수목원에서 발견되는데, 소똥구리와 달리 예전부터 보기 힘든 드문 곤충이야. 이번에는 곤충이 왜 사라지게 되었는지 알아보자.

"소똥구리가 멸종한지 모르는 사람들이 있어. 이름이 무척 익숙하기 때문일 거야."

이제 우리나라에서는 표본만 남은 **소똥구리**

"덩치가 큰 장수하늘소도 사라질 위기에 처해 있어."

몸길이가 7~12센티미터나 되는 **장수하늘소**

똥을 치우는 청소부

소똥구리는 '쇠똥구리' 또는 '말똥구리'라고도 부르는데, 소똥이나 말똥을 '굴린다'는 뜻이 아니야. '구리'는 벌레나 작은 동물에 붙이는 말이야. 즉 '소똥+구리'는 '소똥+벌레'라는 뜻이란다. 영어로도 '똥 딱정벌레'라는 뜻으로 'dung beetle'이라고 해. 우리 이름과 뜻이 같아.

이름에서 풍기듯이 소똥구리는 딱정벌레 중에서 소나 말 같은 초식 동물의 똥을 먹이로 삼아 살아가는 곤충을 뜻해. 그중에서 몇 종만 똥으로 둥근 경단을 빚어. 그래서 소똥구리는 청소부 동물이라고 할 수 있어. 땅 위에 쌓인 똥을 먹어서 분해하거나 땅속에 묻어서 생태계를 깨끗하게 청소하고 토양을 기름지게 한단다.

얼굴이 소똥구리야.

고대 이집트 벽화 속의 왕소똥구리
고대 이집트에서는 소똥구리가 태양신을 상징했단다.

소똥구리와 장수하늘소 _ 141

또 똥을 치워주니까 파리 같은 해충들이 꼬이는 걸 방지해서, 해충으로부터 가축을 보호하는 역할도 하지. 그래서 오스트레일리아나 뉴질랜드처럼 축산업이 발달한 나라에서는 아프리카와 유럽에서 소똥구리를 일부러 들여오기도 했어. 이들 나라에는 원래 소똥구리가 없었는데, 소똥구리를 들여온 뒤로 목장 지역이 비옥해져서 가축들의 먹이가 되는 풀도 더 잘 자라고, 가축에게 전염병을 옮기는 덤불파리도 10분의 1로 줄었다는 연구 결과도 있어. 게다가 지구 온난화를 일으키는 온실가스의 발생량도 줄었대.

농약과 항생제 때문에 사라진 소똥구리

우리나라에는 소똥구리, 뿔소똥구리, 애기뿔소똥구리, 긴다리소똥구리, 창뿔소똥구리 등 여러 종류의 소똥구리가 사는데, 그중에서 소똥구리와 애기뿔소똥구리가 멸종 위기 II급으로 지정되어 있어.

멸종 위기 II급인 **애기뿔소똥구리**. 똥이 있는 자리 밑에 굴을 파고 들어가 똥을 먹거나, 작은 경단을 만들어서 알을 낳는단다.

소똥구리가 사라진 원인은 정확히 알려져 있지 않아. 하지만 소똥구리가 사라지기 시작한 시기가 소나 말을 사료를 먹여서 키우기 시작한 때와 비슷해. 가축들이 먹는 사료에는 항생제가 들어가거나 벌레가 생기는 것을 막으려고 여러 첨가제가 들어가기도 하는데, 그 때문에 소똥구리가 사라졌다는 게 현재 가장 설득력이 있는 주장이란다.

💬 동아시아에서 가장 큰 딱정벌레

장수하늘소의 장수(將帥)라는 말은 장군이라는 뜻이 있어. 옛날에 장군들은 힘도 세고 무예도 뛰어나야 했기에 보통 사람들보다는 몸이 아주 우람하고 튼튼했단다. 그래서 생물 이름에 '장수'라는 말이 붙으면, 다른 종보다 덩치가 큰 것을 뜻해. 예를 들어 말벌 중에서 가장 큰 게 장수말벌이고, 바다에 사는 거북 중에서 가장 큰 게 장수바다거북이야. 장수풍뎅이도 빠질 수 없지.

장수하늘소는 우리나라 주변에서 발견되는 하늘소 중에 가장 커서 몸길이가 7~12센티미터에 이른단다. 우리나라에서는 8월쯤에 어른벌레가 관찰되는데, 애벌레는 아주 오래된 서어나무, 신갈나무, 물푸레나무 등의 속을 파먹으며 살아.

ⓒ 국립생물자원관

살아 있는 장수하늘소
이끼가 낀 오래된 나무에 앉아있어. 날개를 펼치며 날아다닐 수 있어.

장수하늘소 애벌레

🔵 장수하늘소가 사라지는 까닭

장수하늘소(C. relictus)의 학명에는 고대의 유물이라는 뜻의 '레릭(relic)'이라는 말이 들어있어. 그만큼 장수하늘소의 생김새가 오늘날의 곤충들보다는 화석에서나 볼 수 있는 아주 오래전에 살았던 고대의 곤충들과 닮았다는 거야. 장수하늘소는 인간의 간섭이 없어도 우리 주변에서 볼 수 있는 곤충들 가운데 가장 빨리 사라질 종일 거야.

그럼에도 장수하늘소가 사라지는 데에 인간의 영향이 없었다고 할 수는 없어. 왜냐하면 장수하늘소는 아주 오래된 숲에서 살아가는데, 인간이 지구에 출현한 뒤로 많은 원시림들이 사람들 때문에 사라졌거든. 장수하늘소는 오래된 나무가 있어야 알도 낳고 애벌레도 살 수 있어.

[덤] 별빛을 보고 길을 찾는 똑똑한 곤충, 소똥구리

소똥구리가 똥으로 경단을 빚는 이유는 거기에 알을 낳기 위해서야. 똥 경단은 알에서 깨어난 애벌레의 먹이가 되지. 그런데 남이 힘들게 빚은 경단을 빼앗아 알을 낳는 얌체 소똥구리도 있어. 그래서 소똥구리는 경단을 빚자마자 재빨리 다른 곳으로 굴려서 옮긴단다. 똥이 있는 곳에는 다른 소똥구리들이 계속 모여드니까 경단을 빼앗길 수 있기 때문이지.

과학자들이 소똥구리가 경단을 굴리는 방향을 관찰해 보니까, 소똥구리가 아무렇게나 움직이는 게 아니라, 마치 길을 알고 있는 것처럼 일정한 방향으로 움직이는 걸 알게 되었어. 그래서 몇 가지 실험을 해보았더니, 소똥구리가 하늘의 별빛을 보고 방향을 정했다는 걸 알게 되었어. 더 놀라운 것은 낮에는 태양뿐만 아니라 사람의 눈에는 보이지 않는 별빛을 보고 방향을 잡는다는 거야. 게다가 자신이 몇 걸음 움직였는지 걸음 수도 계산해서 정확하게 방향을 잡았지. 소똥구리는 정말 눈 밝은 곤충이야.

장수하늘소가 몇 년에 한 번씩 광릉수목원에서 발견되는 것은 이유가 있어. 남한에서 숲이 가장 잘 보전되어온 지역이기 때문이야. 광릉은 조선의 7대 임금인 세조가 묻힌 왕릉인데, 세조가 살아 있을 당시에 무덤 터를 정하면서 주변의 숲을 훼손하지 못하도록 했어. 그래서 광릉 주변의 숲은 조선 시대부터 지금까지 사람들의 간섭 없이 유지될 수 있었지.

생물이 살아가는 데 가장 중요한 조건은 먹이와 온도인데, 장수하늘소는 선선한 기후를 좋아하는 북방계 곤충이라서 지구 온난화의 영향을 크게 받을 수밖에 없어. 오래된 곤충 장수하늘소를 오랫동안 계속 보고 싶어. 오래된 숲을 지키고 지구 온난화를 막는다면 가능할 거야.

기본정보

소똥구리 Dung beetle
- 학명: *Gymnopleurus mopsus*
- 분류: 절지동물문 > 곤충강 > 딱정벌레목 > 소똥구리과(소똥구릿과)
- 지위: 멸종 위기 야생 생물 Ⅱ급, 한국 적색 목록 지역 절멸(RE)

장수하늘소 Long-horned beetle
- 학명: *Callipogon relictus*
- 분류: 절지동물문 > 곤충강 > 딱정벌레목 > 하늘소과(하늘솟과)
- 지위: 멸종 위기 야생 생물 Ⅰ급, 천연기념물 제218호, 한국 적색 목록 위급(CR)

여섯 번째 대멸종

생명의 역사는 곧 멸종의 역사

　나이가 45억 년인 지구에 생명이 출현한 것은 38억 년 전이야. 38억 년 전부터 지금까지 그 사이에 헤아릴 수 없이 많은 생물들이 나타났다 사라졌지. 이처럼 생명의 역사에서 멸종은 새로운 종이 출현하는 것만큼이나 자연스러운 현상이야. 그런데 많은 종들이 한순간에 사라지는 일도 있었어.

　화석에 남은 기록을 보면, 지구의 역사에서 굉장히 많은 생물 종이 멸종한 시기가 약 스무 번 정도가 있었는데, 그 중에서 다섯 번은 아주 규모가 커서 '대멸종(Mass Extinction)'이라고 특별히 이름 붙였어. 마지막 대멸종은 7천만 년 전의 중생대 백악기에 일어났는데, 이때 누구나 잘 알고 있는 공룡들이 사라졌지. 가장 최근의 대멸종이야.

　대멸종의 원인은 명확하지 않아. 갑작스러운 지각 변동이나 기후 변화, 거대한 운석이나 소행성과의 충돌 등 다양한 원인이 이야기되고 있어. 그중에서 공룡을 지구상에서 사라지게 한 마지막 대멸종의 원인은 소행성과의 충돌 때문이라는 이론이 현재로서는 가장 유력하단다.

그런데 지금 지구에서는 여섯 번째 대멸종의 조짐이 보이고 있어. 여섯 번째 대멸종의 원인은 뭘까? 자연재해가 아니라 바로 인간 때문이야. 인간이 지구에 출현한 이래로, 생물 종들이 빠르게 멸종하고 있어서 인류의 역사는 자연 파괴와 멸종의 역사라고 해도 틀린 말이 아니야.

대멸종의 원인이 사람이라고?

아프리카에서 발생한 인류가 각 대륙으로 이동하면서, 곳곳에서 덩치가 큰 대형 동물들이 멸종했다는 건 고고학적 기록으로 충분히 뒷받침되고 있어. 도구와 불을 사용하는 뛰어난 지능을 가진 사냥꾼인 인간은 먼저 대형 초식 동물들을 잡아먹어 멸종시켰어. 뒤이어 먹잇감을 잃은 대형 육식 동물도 사라졌지. 세계 각지의 구석기 유적에서는 현재 그 지역에서 볼 수 없는 대형 동물들의 뼈가 함께 출토되고 있어. 그것도 엄청나게 많은 양이 말이야. 그 외에 많은 고고학적 증거들이 대형 동물들이 멸종한 시기와 그 지역에 인간이 출현한 시기가 일치한다는 것을 보여주고 있어.

신석기 시대로 접어들면서 농사를 짓기 시작한 것은 수렵 대상이던 대형 동물의 수가 급감한 것이 원인이라고 보는 학자들도 있어. 즉 대형 동물들이 멸종하면서 더 이상 사냥에 의존해서 생존할 수 없게 되자, 농사라는 새로운 길을 모색하게 되었다는 거야. 농업이 시작되면서 인류는 농경지를 확보하고 생활에 필요한 물자를 얻기 위해 숲을 대규모로 파괴하기 시작했어. 인구가 급격히 늘면서 집과 여러 가지 도구의 제작, 그리고 땔감으로 이용하는 목재의 수요가 급증하면서 엄청난 면적의 숲이 훼손되었지.

오늘날 메마른 바위산에 키 작은 나무와 덤불만 무성한 지중해 연안의 많은 지역은 과거에 인류가 고대 문명을 꽃 피울 무렵에는 거대한 원시림을 이루고 있었단다. 그러나 인구가 증가하고, 도시와 해상 무역이 발달하면서 건축물과 생활 도구, 배를 만드는 데 많은 목재를 베어 썼고, 결국 지중해 연안의 울창했던 숲은 완전히 사라졌어.

봄철 황사의 근원지인 중국 내륙의 황토 고원 지대 역시 중국의 고대 문명이 시작된 곳인데, 지금은 사막이지만 과거에는 울창한 삼림 지대였단다. 고대 중국인들 역시 숲을 개간해서 농경지를 만들고, 생활에 필요한 나무를 얻기 위해 무분별하게 나무를 베어냈어. 또 지하수와 하천의 물을 끌어다가 대규모로 농사를 짓다 보니 시간이 지나면서 흙이 힘을 잃고 푸석해져서 식물들이 자랄 수 없는 땅으로 변했어.

더욱 빨라지고 있는 멸종의 속도

최근에 인류는 화석 연료를 비롯해서 엄청난 자원들을 무분별하게 사용하면서 이전까지 인류가 지구에 미친 영향과는 비교할 수 없을 정도로 크나큰 영향을 미치고 있어. 기후 변화로 환경이 바뀌게 되면서 많은 생물들이 적응하지 못하고 빠르게 사라지고 있지. 그래서 지금을 여섯 번째 대멸종의 시기라고 보는 학자들이 있는 거야. 지구 역사상 처음으로 외부의 원인이 아니라 생태계를 구성하는 어떤 한 종 때문에 대멸종을 맞게 될 수도 있게 된 거지. 여섯 번째 대멸종에서는 인류도 예외가 아닐 거야. 인류의 대멸종으로 이어질 수도 있어.

그러나 대멸종이라고 해도 살아남는 동물이 있어. 그렇게 38억 년 동안 지구에서 생명의 역사가 이어져 왔지. 여섯 번째 대멸종에서는 어떤 동물이 살아남을까?

다행인 점은 과거의 다른 대멸종과 달리 여섯 번째 대멸종은 우리 인류에게 선택권이 있다는 거야. 인류가 멸종 동물이 사라진 까닭을 알려고 노력하고, 지구와 환경을 보는 눈을 키우고 있지. 아무것도 모르고 멸종해간 과거의 동물들과는 전혀 다른 사람이라는 동물의 특징이지. 사람들이 노력한다면 여섯 번째 대멸종의 속도를 늦출 수 있을 거야.

작은 동물 사전

기억할게.

곰(반달가슴곰) 24쪽

Ursus thibetanus ussuricus

척삭동물문 > 포유강 > 식육목 > 곰과

동아시아에 분포하는 대표적인 곰이다. 온몸이 검은 털로 덮여 있는데, 가슴에 반달 모양의 흰 무늬가 있는 것이 특징이다. 잡식성이지만 주로 식물의 열매를 즐겨 먹는다. 비싼 약재로 쓰이는 웅담 때문에 남획되어 남한에서 거의 멸종할 뻔했다가 2004년부터 지리산 국립공원에서 복원 사업이 펼쳐지고 있다. 겨울에 동굴이나 나무 구멍 속에서 겨울잠을 잔다. 암컷은 임신한 채로 겨울잠을 자다가 이른 봄에 새끼를 낳는다.

구렁이 103쪽

Elaphe schrenckii

척삭동물문 > 파충강 > 유린목 > 뱀과

구렁이는 몸길이가 110~200센티미터에 이르며, 우리나라에서 가장 큰 뱀이다. 독이 없고 성질도 온순하다. 제주도를 제외한 전국에 분포하는데, 1960년대 이전에는 집 주변에서도 흔히 볼 수 있었으나 지금은 외딴 곳이나 깊은 산에서만 드물게 보인다. 개체마다 색깔이 다양해서 각각 다른 뱀으로 착각하기 쉽다. 온몸이 검은 것은 먹구렁이, 온몸이 노란 것을 황구렁이로 부른다. 몸에 좋다고 잘못 알려져 사람들이 너무 많이 잡아먹은 것이 멸종 위기로 몰린 결정적인 이유다. 또 주거 형태가 초가집에서 현대식 가옥으로 바뀌는 등 서식 환경이 바뀐 것도 구렁이가 마을에서 사라진 원인이다.

작은 동물 사전 _ 151

금개구리 115쪽

Pelophylax chosenicus

척삭동물문 > 양서강 > 무미목 > 산개구리과(산개구릿과) > 참개구리속

금개구리는 우리나라 고유종으로 경기도와 충청도, 전라북도 일부 지역의 평야 지대에서 분포하며 논, 도랑, 물웅덩이, 늪이나 습지 등에서 볼 수 있다. 크기가 4~6센티미터 정도이며, 암컷이 수컷보다 조금 크다. 참개구리와 사는 곳도 같고 생김새도 아주 비슷해서 헷갈리기 쉽다. 눈 뒤부터 꼬리까지 등에 금빛이 도는 갈색 띠가 2줄이 있어서 금개구리라고 부른다. 대부분의 시간을 물에 떠서 지내는 것이 특징인데, 그 때문에 새나 큰 물고기 같은 천적의 눈에 잘 띄어서 잡아먹히기가 쉽다. 그렇지만 금개구리의 개체 수가 줄어드는 주요 원인은 서식지 파괴와 환경오염 그리고 전염병 등이다.

꽃사슴(사슴, 대륙사슴) 51쪽

Cervus nippon

척삭동물문 > 포유강 > 우제목 > 사슴과

꽃사슴은 우리나라, 중국, 러시아, 일본 등에 널리 분포하는 동아시아를 대표하는 사슴이다. 몸에 퍼져 있는 흰 점무늬가 마치 활짝 핀 매화꽃을 떠올리게 해서 꽃사슴이라 부른다. 꽃사슴의 수컷은 번식기를 맞춰서 해마다 뿔이 새로 나는데, 딱딱하게 굳기 전의 뿔은 녹용(鹿茸)이라 하여 동양에서 아주 비싼 약재로 쓰였다. 꽃사슴은 옛날에 우리나라 전역에 살았는데, 조선 시대에 과도한 사냥과 전염병 등으로 이미 급격히 수가 줄었고 1940년대 이후로 남한에서는 사실상 멸종했다. 다만 농가에서 가축으로 기르는 외국산 꽃사슴은 적지 않다.

꾸구리 130쪽

Gobiobotia macrocephala
척삭동물문 > 조기강 > 잉어목 > 잉어과(잉엇과)

꾸구리는 몸길이가 10~13센티미터인 작은 물고기로 한강과 금강에서만 사는 우리나라 고유종이다. 우리나라에 사는 민물고기 중에 유일하게 눈에 피막이 있어 고양이처럼 주변의 밝기에 따라서 눈동자의 크기가 변한다. 강바닥이 크고 작은 자갈로 이뤄진 물살이 빠른 여울에서 산다. 하지만 4대강 사업과 같은 하천 개발로 곳곳에 보와 댐이 건설되면서 물 흐름이 느려지고 여울이 사라지면서 급격히 수가 줄어들고 있다. 현재 우리나라에서 멸종 위기에 놓인 많은 민물고기들이 꾸구리처럼 여울에서 사는 종이다.

남생이 103쪽

Mauremys reevesii
척삭동물문 > 파충강 > 거북목 > 남생이과(남생잇과)

남생이는 우리나라와 중국, 일본, 타이완 등 동아시아에 사는 대표적인 민물 거북이다. 제주도를 제외한 전국의 강과 호수, 늪, 연못에서 예전에는 흔히 볼 수 있었지만, 지금은 매우 드물다. 등딱지 길이가 20~45센티미터 정도이며, 11월이면 땅속에 들어가 겨울잠을 자고, 이듬해 4월 즈음에 깨어난다. 짝짓기는 겨울잠에 들어가기 전에 하고 알은 겨울잠에서 깨어난 직후에 낳는다. 잡식성이며 질병에도 강하지만 1960년대 이후로 하천 개발과 오염으로 서식 환경이 나빠지면서 수가 크게 줄었다. 또한 보신용으로 먹으려고 사람들이 보이는 대로 잡아들인 것도 멸종 위기에 놓인 큰 이유다.

담비(대륙담비) 36쪽

Martes flavigula

척삭동물문 > 포유강 > 식육목 > 족제비과(족제빗과) > 족제비아과 > 담비속

담비는 몸길이가 60~70센티미터, 꼬리가 40~45센티미터로 꼬리가 아주 길고 날씬하게 생겼다. 전국의 내륙 산악 지대에 사는데, 예전에는 흔했지만 지금은 아주 드물다. 히말라야와 중국, 동남아시아에도 분포한다. 모피의 품질이 뛰어나서 옛날부터 모피를 얻기 위해 과도하게 사냥되어 수가 크게 줄었고, 최근에는 환경이 오염되고 산림 파괴로 서식지가 줄면서 멸종 위기에 놓여 있다. 잡식성으로 주로 달콤한 열매를 먹지만, 무리를 지어 자신보다 훨씬 큰 동물을 사냥해서 잡아먹기도 한다.

독수리 76쪽

Aegypius monachus

척삭동물문 > 조강 > 매목 > 수리과(수릿과)

독수리는 유라시아 대륙에 널리 분포하며, 우리나라에서는 겨울 철새로 볼 수 있다. 모든 맹금류 중에서 가장 커서, 몸길이가 1미터가 넘고 날개를 편 길이는 2.5~3미터에 이른다. 머리에 깃털이 없어서 피부가 그대로 드러나 있다. 동물의 사체를 먹고 사는 청소 동물로서 부리가 아주 크고 튼튼해서 단단한 뼈도 부셔서 먹을 수 있으며 썩은 고기도 소화시킬 수 있다. 겨울에 우리나라를 찾는 독수리는 대부분 몽골 초원에서 온다. 독수리가 감소하는 가장 큰 이유는 먹이 부족이다. 과거보다 가축이나 야생 동물 사체가 줄어들었기 때문이다. 또한 교통사고와 밀렵도 독수리의 생존을 크게 위협하고 있다.

따오기 90쪽

Nipponia nippon
척삭동물문 > 조강 > 황새목 > 저어새과

따오기는 몸길이가 75센티미터쯤 되며, 20세기 초반까지만 해도 우리나라, 중국, 러시아, 일본 등 동아시아에서 아주 흔한 물새였다. 하지만 사람들이 지나치게 사냥하고, 환경 파괴로 서식지와 먹이가 줄고, 과도한 농약 사용으로 몸에 유해 물질이 쌓이면서 번식에 실패하는 일이 잦아져 빠르게 사라졌다. 1980년대 초반에 지구상에 겨우 15~20마리 정도가 살아남아 멸종 직전까지 갔다가, 최근에 국제적인 복원 노력으로 조금씩 수가 늘고 있다. 우리나라에서는 2008년 중국에서 한 쌍의 따오기를 기증 받아 경남 창녕의 우포늪 따오기 복원 센터에서 복원 사업을 펼치고 있다.

뜸부기 90쪽

Gallicrex cinerea
척삭동물문 > 조강 > 두루미목 > 뜸부기과(뜸부깃과)

뜸부기는 중국, 동남아시아, 남아시아 지역에 분포하며 우리나라에는 여름 철새로 찾아와서 번식하는 물새다. 몸길이는 수컷이 40센티미터 암컷은 33센티미터 정도이다. 수컷은 번식기가 되면 잿빛이 도는 검은색 깃으로 바뀌며, 이마에 붉은색 이마판이 발달하여 정수리 부분이 솟아 생김새가 닭과 비슷하다. 암컷은 누런 밤색을 띠며 짙은 밤색 반점이 날개와 등에 흩어져 있다. 수컷도 번식기가 아닐 때는 암컷과 닮았다. 논이나 얕은 습지에 풀줄기를 엮어 둥지를 트는데, 과거에는 몸에 좋다는 이유로 사람들이 둥지에서 알을 꺼내 먹는 일이 잦았다. 습지 개발로 서식지가 줄고 환경오염으로 먹이가 감소하면서 멸종 위기에 놓였다.

맹꽁이 115쪽

Kaloula borealis

척삭동물문 > 양서강 > 무미목 > 맹꽁이과(맹꽁잇과)

맹꽁이는 전국의 들이나 논밭, 습지, 공원 주변에 산다. 중국 동북부 지역에도 분포한다. 몸길이는 3~6센티미터 정도이며, 머리가 뭉툭하고 다리가 짧은 것이 특징이다. 쟁기처럼 생긴 뒷다리로 땅을 파서 꽁지부터 재빨리 땅속으로 몸을 숨길 수 있다. 장마철에 짝짓기를 하고 사는 곳 주변의 물웅덩이에 알을 낳는다. 4월부터 9월까지 활동하고, 낮에는 흙속이나 돌 밑에 숨어 있다가 밤에 나와서 작은 벌레 등을 잡아먹고 산다. 10월이면 땅속으로 들어가 겨울잠에 든다. 울음소리가 '맹꽁- 맹꽁-'처럼 들려서 맹꽁이라는 이름이 붙었다. 각종 개발로 습지가 줄고, 서식지 환경이 파괴되면서 수가 크게 줄었다.

물개(북방물개) 65쪽

Callorhinus ursinus

척삭동물문 > 포유강 > 식육목 > 기각아목 > 물개과(물갯과, 바다사자과)

흔히 물개라고도 불리는 북방물개는 어른 수컷의 목 주변에 수사자처럼 갈기가 있어서 바다사자라고도 부른다. 암수의 몸 크기 차이가 커서 수컷은 몸길이가 2.5미터 몸무게가 180~270킬로그램에 이르지만, 암컷은 1.3미터 43~50킬로그램밖에 되지 않는다. 오호츠크 해와 베링 해 등 북부 태평양에 주로 분포한다. 우리나라에서 꾸준히 관찰되는 곳은 없으며, 가끔 동해안이나 드물게 남해안에 나타난다. 과거 동해안에 아주 흔했으나, 19세기 제국주의 시대에 서구 열강과 일제가 모피와 고기를 얻기 위해 앞다투어 마구 잡아서 급격히 줄었다. 최근에는 바다의 환경 변화가 크고 먹이가 줄어들어 큰 위협이 되고 있다.

물범(점박이물범) 65쪽

Phoca largha

척삭동물문 > 포유강 > 식육목 > 기각아목 > 물범과

물범은 불규칙한 반점 무늬가 몸에 퍼져 있어 점박이물범이라고도 부른다. 수컷은 몸길이가 최대 1.7미터, 암컷은 최대 1.6미터이고, 몸무게는 암수가 82~130킬로그램에 이르지만 물범 종류 중에서 가장 작다. 점박이물범은 중국 발해 만에서 오호츠크 해와 베링 해에 이르는 북태평양과 북극해에 널리 분포하며, 우리나라에서는 주로 백령도에서 관찰된다. 백령도의 물범은 겨울에 중국 요동반도 연안의 얼음 위에서 번식하고 봄이 되면 일부가 다시 우리나라를 찾는다. 물개와 마찬가지로 과거에 과도한 남획으로 수가 크게 줄었고, 최근에는 연안 개발로 인해 서식지가 줄어들고, 환경 변화가 급격하여 먹이가 줄어들어서 생존을 위협받고 있다.

산양 51쪽

Naemorhedus caudatus

척삭동물문 > 포유강 > 우제목(소목) > 소과(솟과)

원시적인 고대 동물의 특징을 간직한 산양은 발굽을 발가락처럼 움직일 수 있어서 발굽 동물의 진화 과정을 보여주는 대표적인 동물이다. 한반도와 러시아 연해주, 중국 동북부에 분포하며 우리나라에서는 강원도 양구 비무장 지대와 설악산, 오대산, 경북 울진 등 백두대간을 따라서 바위와 절벽으로 이뤄진 높고 험한 산악 지역에 산다. 우리나라에 현재 700~800마리가 사는 것으로 추정되지만 각 서식지가 고립되어 있어 유전적인 다양성이 낮아서 전염병이나 급격한 환경 변화 등에 취약하다. 환경부는 2007년부터 다른 서식지의 산양을 방사하여 유전적 다양성을 높이는 방식으로 산양 복원 사업을 진행하고 있다.

소똥구리(쇠똥구리) 139쪽

Gymnopleurus mopsus

절지동물문 > 곤충강 > 딱정벌레목 > 소똥구리과(소똥구릿과)

소똥구리는 동물들의 똥을 먹고 사는 청소 곤충이다. 땅 위에 쌓인 똥이 부패하면서 나쁜 질병이 퍼지거나 해충이 꼬이는 걸 방지하고 토양을 비옥하게 만든다. 똥이 분해되면서 발생하는 온실가스를 줄여주는 역할도 한다. 일부 종류는 똥으로 둥근 경단을 빚는데, 소똥구리도 이에 해당한다. 소똥구리는 항생제 등이 들어간 사료를 가축들에게 먹이기 시작하면서 위험해졌다. 소똥구리의 먹이가 사라진 셈이기 때문이다. 현재 애기뿔소똥구리와 함께 환경부 멸종 위기 야생 생물로 지정되어 있으나, 1970년대 이후로 전혀 발견되지 않고 있다.

수달 36쪽

Lutra lutra

척삭동물문 > 포유강 > 식육목 > 족제비과(족제빗과) > 수달아과 > 수달속

세계적으로 13종의 수달이 있는데, 우리나라에는 유라시아수달이라고도 불리는 수달(*L. lutra*) 1종이 산다. 이름처럼 유럽에서 아시아 대륙에 걸쳐서 널리 분포한다. 우리나라에서는 제주도와 울릉도를 제외한 전국의 하천과 호수, 해안 지역에 널리 분포했으나 지금은 백두대간과 지리산 같이 사람의 간섭이 적은 지역과 서·남해의 해안과 섬 지역에서 드물게 발견된다. 수달의 질 좋은 모피를 얻기 위해 과거부터 전 세계적으로 많은 수달이 사냥되면서 수가 줄었고, 최근에는 하천과 연안 개발로 인한 서식지 파괴와 먹이 부족, 밀렵 등으로 생존을 위협받고 있다.

수리부엉이 76쪽

Bubo bubo

척삭동물문 > 조강 > 올빼미목 > 올빼미과(올빼밋과)

수리부엉이는 유라시아 대륙에서 아프리카 북부에 걸쳐서 널리 분포하며, 크기가 60~70센티미터로 우리나라에 사는 올빼미류 중에서 가장 크다. 우리나라에서는 텃새로 전국 내륙의 산림 지역에 발견된다. 눈의 홍채가 노랗고, 귀깃이 쫑긋 쏟아 있어 무척 귀엽게 생겼지만 쥐, 뱀, 토끼 같은 작은 동물에게는 무서운 포식자다. 야행성으로 주로 밤에 사냥하는데, 눈이 커서 어두운 곳에서도 잘 볼 수 있고, 깃털에 솜털이 많아서 날아갈 때 소리가 거의 나지 않는다. 산림 개발로 서식지가 줄고, 주변 환경이 바뀌면서 먹이를 구하기 어려워져 수가 줄고 있다. 교통사고와 끊이지 않는 밀렵도 수리부엉이의 생존을 위협하고 있다.

여우(붉은여우) 24쪽

Vulpes vulpes peculiosa

척삭동물문 > 포유강 > 식육목 > 개과(갯과)

세계적으로 12종의 여우가 있는데, 우리나라에 살던 여우는 유라시아 대륙과 아프리카 북부, 북아메리카 대륙까지 널리 분포하는 흔히 붉은여우라고 불리는 종이다. 붉은여우는 몸길이가 60~80센티미터이며 쥐나 토끼 같은 작은 동물을 주로 잡아먹고 산다. 호기심과 조심성이 많다. 바위틈이나 땅굴을 보금자리로 삼는데, 굴을 직접 파기도 하지만 다른 동물들이 판 굴을 빼앗기도 한다. 밀렵으로 1980년 이후로는 남한에서 멸종했으나, 환경부에서 2012년부터 강원도 소백산에 여우 복원 센터를 만들고 복원 사업을 진행하고 있다.

장수하늘소 139쪽

Callipogon relictus

절지동물문 > 곤충강 > 딱정벌레목 > 하늘소과(하늘솟과)

장수하늘소는 몸길이가 7~12센티미터로 히말라야 산맥 이북에서 발견되는 딱정벌레 중에서 가장 크다. 원시적인 하늘소의 특징을 간직하고 있는 곤충인데, 최근에 온난화의 영향으로 빠르게 감소하고 있다. 또한 아주 오래되고 건강한 숲에서만 살아가는데, 산림 개발로 오래된 숲이 감소한 것도 멸종 위기에 놓인 주된 이유다. 크고 오래된 서어나무, 신갈나무, 물푸레나무 등의 줄기에 구멍을 뚫어 알을 낳으며, 알에서 깨어난 애벌레는 나무속을 파먹으며 자란다. 남한에서는 경기도 광릉의 국립수목원에서 한여름에 아주 드물게 나타난다. 최근에 증식 기술이 개발되어 복원 사업을 펼치고 있다.

좀수수치 130쪽

Kichulchoia brevifasciata

척삭동물문 > 조기강 > 잉어목 > 미꾸리과(미꾸릿과)

좀수수치는 미꾸라지처럼 생긴 작은 민물고기인데, 다 자라야 겨우 7센티미터쯤이다. '좀'이 붙으면 작다는 뜻으로 낙동강에 사는 가까운 친척인 수수미꾸리랑 비슷하게 생겼고 그보다 크기가 작아서 붙은 이름이다. 우리나라 고유종으로 전남 고흥반도와 여수, 그 주변 섬의 작은 개울에서만 드물게 발견되며 우리나라에서 서식 범위가 가장 좁은 물고기다. 그래서 1995년에야 세상에 처음 알려졌다. 하천 정비나 인위적인 건축물로 서식지가 훼손되면서 심각한 멸종 위기에 놓여 있다.

표범 8쪽

Panthera pardus orientalis

척삭동물문 > 포유강 > 식육목 > 고양이과(고양잇과)

표범은 호랑이와 더불어 고양이과에 속한 대표적인 대형 맹수다. 체구는 호랑이보다 작고 나무를 잘 탄다. 표범은 아프리카에서 아시아 대륙까지 널리 퍼져 사는데, 지역별로 크기나 생김새가 조금씩 달라서 8아종으로 나뉜다. 우리나라를 비롯해 동북아시아에 사는 아종은 흔히 '아무르표범'이라고 부른다. 표범은 전 세계에서 심각한 멸종 위기에 놓여 있으며, 우리나라에 살던 표범은 현재 러시아 연해주 일대에 수십 마리만 생존한 것으로 알려져 있다.

호랑이 8쪽

Panthera tigris altaica

척삭동물문 > 포유강 > 식육목 > 고양이과(고양잇과)

유라시아 대륙에 사는 고양이과 동물 중에서 가장 크다. 호랑이는 지역에 따라서 형태와 크기, 습성이 조금씩 다른 9종류가 살았는데, 그중에서 3종류는 멸종했고 나머지도 서식지 감소로 심각한 멸종 위기다. 우리나라에 살던 호랑이는 '시베리아호랑이' 또는 '아무르호랑이'라고 불리는 아종이다. 옛날에 우리나라에는 호랑이가 아주 많았는데, 조선 시대부터 호랑이를 해로운 동물로 여겨 국가가 나서서 잡기 시작하면서 줄어들기 시작했다. 그러다 일제 강점기를 거치면서 한반도에서 거의 사라졌다. 현재 남한에서는 멸종했고, 북한에서도 백두산과 러시아와의 접경지대에 아주 적은 수가 살고 있다.

일러두기

＊ 기본 정보

학명	생물 이름을 나라마다 다른 언어로 표기할 때의 혼란을 피하고, 학술적인 편의를 위해서 생물에 붙이는 이름이야. 스웨덴의 식물학자 린네가 창안한 것으로 중세 교회에서 공용어로 사용하던 로마 시대의 언어인 라틴 어로 쓰이지. 보통 속명(屬名)과 종소명(種小名) 등 두 개의 이름으로 나타내는데, 종보다 아래 단계인 아종명(亞種名)까지 세 개의 이름으로 나타내기도 해. 사람 이름이 성과 이름으로 나눠져 있듯이 앞에 오는 속명은 성, 뒤에 오는 종소명은 이름에 해당한다고 볼 수 있어. 예를 들어 호랑이의 학명은 판테라 티그리스(Panthera tigris)인데, 그중에서 동아시아에 사는 것을 판테라 티그리스 알타이카(Panthera tigris altaica)라고 부르는 것처럼 말이야.
분류 (생물 분류)	생물을 일정한 기준에 따라서 체계적으로 나누는 걸 말해. 린네가 제시한 '계>문>강>목>과>속>종' 등 7가지 범주를 기본으로 해서, 지금은 이보다 더 많은 범주를 만들어서 세분해서 나누기도 한단다. 생물학이 발달하지 않은 20세기 초반까지만 해도 생물을 분류하는 가장 큰 기준은 눈에 보이는 해부학적인 형태였어. 하지만 유전자까지 분석할 수 있는 기술을 갖게 된 지금은 눈에 보이지 않는 유전 정보까지 알 수 있어서 형태를 기준으로 분류할 때 생기는 오류들을 줄이고 있어. 이러한 기술을 이용해서 현재 생물학에서는 단순히 생물을 구분하는 것에서 더 나아가 그 생물이 진화해 온 역사를 밝히고 있단다. 즉 유전자가 어느 정도 비슷한지를 비교해서 각 종의 친척 관계를 새롭게 밝히고 있어. 이건 겉으로 보이는 형태만으로는 밝혀낼 수 없었던 거야. 이런 분류 방법을 '계통 분류'라고 한단다.
지위	● **멸종 위기종(멸종 위기 야생 생물)** 멸종 위기종이란 현재 상태로 그대로 두면 멸종할 가능성이 높은 생물 종을 말해. 우리나라에서는 '야생 생물 보호 및 관리에 관한 법률'에 따라서 환경부에서 '멸종 위기 야생 생물'을 지정하여 보호하고 있어. 당장 멸종할 가능성이 높은 것은 Ⅰ급, 지금 아무런 조치를 하지 않으면 가까운 시일에 멸종할 가능성이 있는 것은 Ⅱ급으로 나누고 있어. 2012년을 기준으로 현재 246종의 생물이 지정되어 있지. ※ 환경부 멸종 위기 야생 동물 목록(2012년 개정) : 국립생명자원관 한국의 멸종 위기종 홈페이지(http://www.korearedlist.go.kr/redlist/home/exlist/exlist.jsp)에서 전체 목록을 확인할 수 있어요. ● **천연기념물** 천연기념물은 학술적, 자연적, 역사적, 문화적, 미적 가치가 높거나 희소하여 특별히 보호가 필요한 자연물을 말하는데, 문화재청에서 지정하고 관리하고 있어. 생물 말고도 동굴이나 산, 기암절벽 같은 보존 가치가 높은 자연물이나 자연 경관 등도 천연기념물로 지정되기도 하지. 환경부의 멸종 위기 야생 생물과 마찬가지로 천연기념물도 법

적으로 보호받지만, 천연기념물로 지정된 생물이라고 해서 모두 멸종 위험이 높은 건 아니야. 예들 들어 원앙은 비교적 흔한 여름 철새지만, 매우 아름답고 전통적으로 우리 조상들이 귀한 새로 여긴 탓에 천연기념물 제327호로 지정되어 있어. 반면에 아무리 희귀한 멸종 위기종이더라도 문화적이나 역사적, 미적인 가치가 없으면 천연기념물로 지정되기 어려워.

● IUCN(International Union for Conservation of Nature and Natural Resources, 세계 자연 보전 연맹)

1948년 영국의 생물학자 줄리안 헉슬리를 주축으로 창립한 국제기구란다. 현재 스위스에 본부를 두고 있어. 세계의 자연과 천연자원의 보전을 목적으로 하는 세계 최대의 단체로서 1,000여 개가 넘는 정부 기관과 민간 기관과 단체가 회원으로 참여하고 있고, 10,000여 명이 넘는 각 분야의 전문가들이 활동하고 있단다. 자연 보전과 관련한 연구와 조사, 정책 제안, 홍보, 교육 등 다양한 활동을 펼치고 있어.

● 적색 목록

적색 목록(Red List)은 세계 자연 보전 연맹(IUCN)에서 지구상에서 사라져 가는 생물들을 보존하기 위해서 전 세계의 생물 분야의 전문가들과 함께 만든 멸종 위기종 목록이야. 적색은 위험을 알리는 색깔이라서 적색 목록이라고 부르는데, 1963년부터 지금까지 발표하고 있어. 적색 목록은 다음과 같이 9가지 등급으로 나타내는데, 각 나라별로도 IUCN의 기준에 따라서 자국 내의 생물 종들의 멸종 위험도를 조사해서 별도의 국가별 적색 목록을 발표하기도 한단다. 우리나라도 환경부가 지정한 멸종 위기 야생 생물과 별도로 한국 적색 목록을 발표하고 있어. 보통 멸종 위기종이라고 하면, 다음의 범주 중에서 위급(CR), 위기(EN), 취약(VU)에 속한 경우만을 말하기도 해.

▶ IUCN(세계 자연 보전 연맹) 적색 목록 범주
- 절멸(EX, Extinct) : 완전히 멸종
- 야생 절멸(EW, Extinct in the Wild) : 야생에서는 멸종하고 동물원이나 식물원 같은 보호 시설에만 남은 경우
- 위급(CR, Critically Endangered) : 야생에서 멸종하기 직전
- 위기(EN, Endangered) : 야생에서 멸종할 가능성이 매우 높음
- 취약(VU, Vulnerable) : 야생에서 멸종할 가능성이 높음
- 준위협(NT, Near Threatened) : 가까운 장래에 멸종 우려 범주(위급, 위기, 취약)에 놓일 가능성이 높음
- 관심 대상(LC, Least Concern) : 널리 퍼져 있고 개체 수도 많아 멸종 위험이 낮음
- 정보 부족(DD, Data Deficient) : 멸종 위험을 평가할 자료가 부족
- 미평가(NE, Not Evaluated) : 적색 목록 기준에 따라서 아직 평가되지 않음

* 이 책에 실린 사진 중 저작권자를 찾지 못하여 허락을 받지 못한 사진에 대해서는 저작권자가 확인되는 대로 게재 허락을 받고 필요시 통상의 기준에 따라 사용료를 지불하도록 하겠습니다.

참고 자료

국립생물자원관 《한눈에 보는 멸종위기 야생생물》 환경부, 2014년
고려대학교 민족문화연구소 《한국민속대관》 고려대학교 민족문화연구소, 1982년
김동진 《조선 전기 호포 정책 연구》 선인, 2009년
박진영 《새의 노래, 새의 눈물》 자연과생태, 2009년
원병휘 《한국동식물도감 7 - 동물편》 문교부, 1967년
이상오 《수렵 비화》 박우사, 1965년
이정현, 박대식 《한국 양서류 생태 도감》 자연과생태, 2016년
이정현, 장환진, 서재화 《한국 양서·파충류 생태도감》 국립환경과학원, 2011년
이주희 《내 이름은 왜?》 자연과생태, 2007년
최태영, 최현명 《야생 동물 흔적 도감》 돌베개, 2007년
한국정신문화연구원 《한국구비문학대계》 한국정신문화연구원, 1980~1986년
Kruuk, H. 《Otters : ecology, behaviour and conservation》 Oxford University Press, 2006년

국립민속박물관 http://www.nfm.go.kr
물 바람 숲(한겨레신문 조홍섭 기자 블로그) http://ecotopia.hani.co.kr
민족문화대사전 http://encykorea.aks.ac.kr
조선왕조실록 http://sillok.history.go.kr
창녕군 따오기 복원 센터 http://www.cng.go.kr/tour/ibis.web
표준국어대사전(국립국어원) http://www.korean.go.kr
한국고전종합 DB http://db.itkc.or.kr
한국민족문화대백과사전(한국학중앙연구원) http://encykorea.aks.ac.kr
한국범보존기금 http://www.koreatiger.org
한국의 멸종위기종(국립생물자원관) http://www.korearedlist.go.kr/
한국의 지식콘텐츠 http://www.krpia.co.kr
한국전통지식포탈 http://koreantk.com
한반도의 생물다양성 http://www.nibr.go.kr
CITES(멸종 위기 야생 동식물 취급에 관한 국제조약) http://www.cites.org
IUCN(세계 자연 보전 연맹) http://www.iucn.org